Didática e metodologia
*do ensino de filosofia
no ensino médio*

O selo DIALÓGICA da Editora InterSaberes faz referência às publicações que privilegiam uma linguagem na qual o autor dialoga com o leitor por meio de recursos textuais e visuais, o que torna o conteúdo muito mais dinâmico. São livros que criam um ambiente de interação com o leitor – seu universo cultural, social e de elaboração de conhecimentos –, possibilitando um real processo de interlocução para que a comunicação se efetive.

Didática e metodologia
do ensino de filosofia no ensino médio

EDITORA
intersaberes

Ademir Aparecido Pinhelli Mendes

EDITORA intersaberes

Rua Clara Vendramin, 58 – Mossunguê
CEP 81200-170 – Curitiba – PR – Brasil
Fone: (41) 2106-4170
www.intersaberes.com
editora@editoraintersaberes.com.br

Conselho editorial
Dr. Ivo José Both (presidente)
Dr³. Elena Godoy
Dr. Nelson Luís Dias
Dr. Neri dos Santos
Dr. Ulf Gregor Baranow

Editora-chefe
Lindsay Azambuja

Supervisora editorial
Ariadne Nunes Wenger

Analista editorial
Ariel Martins

Capa
Denis Kaio Tanaami

Projeto gráfico
Bruno Palma e Silva

Diagramação
Estúdio Notua

Iconografia
Regina Claudia Cruz Prestes

Dados Internacionais de Catalogação na Publicação (CIP)
(Câmara Brasileira do Livro, SP, Brasil)

Mendes, Ademir Aparecido Pinhelli

Didática e metodologia do ensino de filosofia no ensino médio/ Ademir Aparecido Pinhelli Mendes. Curitiba: InterSaberes, 2017. (Série Estudos de Filosofia)

Bibliografia.
ISBN 978-85-5972-388-5

1. Currículos 2. Filosofia – Ensino médio 3. Pedagogia 4. Prática de ensino I. Título. II. Série.

17-03589   CDD-107.12

Índices para catálogo sistemático:
1. Filosofia: Ensino médio   107.12

1ª edição, 2017.

Foi feito o depósito legal.

Informamos que é de inteira responsabilidade do autor a emissão de conceitos.

Nenhuma parte desta publicação poderá ser reproduzida por qualquer meio ou forma sem a prévia autorização da Editora InterSaberes.

A violação dos direitos autorais é crime estabelecido na Lei n? **9.610/1998 e** punido pelo art. 184 do Código Penal.

prefácio, ix
apresentação, xiii
organização didático-pedagógica, xix

1 *Aprendendo com os grandes mestres da filosofia, 24*
    1.1 Filosofia e filosofias, 26
    1.2 Protágoras e Górgias, 28
    1.3 Sócrates e Platão, 30
    1.4 Aristóteles, 38
    1.5 René Descartes, 39
    1.6 David Hume, 42
    1.7 Kant e Hegel: ensinar história da filosofia ou ensinar a filosofar?, 43

2 *Lugar da filosofia no currículo do ensino médio, 56*
    2.1 Educação como lugar da filosofia, 58
    2.2 Currículo e lugar da filosofia, 64

2.3 Lugar da filosofia nas políticas curriculares, 68
2.4 Lugar da filosofia no currículo do ensino médio, 79

3 *Sujeitos do ensino médio, 98*
3.1 Jovens e juventudes, 100
3.2 Juventude e experiência social, 104
3.3 Lógicas da experiência social, 110
3.4 Experiência social dos sujeitos do ensino médio, 123

4 *Cotidiano escolar e aprendizagem filosófica, 140*
4.1 Cotidiano como categoria para compreender a escola, 142
4.2 Cotidiano escolar do ensino médio, 153
4.3 Cotidiano do trabalho docente de filosofia, 164
4.4 Sujeitos do ensino médio no cotidiano escolar, 168

5 *Recepção da filosofia e atitude filosófica, 182*
5.1 Recepção filosófica dos sujeitos do ensino médio, 184
5.2 Recepção da filosofia e aprendizagem da filosofia, 189
5.3 Categorias de recepção da filosofia, 193

6 Avaliação qualitativa da aprendizagem filosófica, 208

    6.1 Ensino de filosofia e avaliação da aprendizagem, 210
    6.2 Mediação docente e aprendizagem da filosofia, 213
    6.3 Avaliação e atitude filosófica, 221

considerações finais, 233
referências, 237
bibliografia comentada, 257
respostas, 259
sobre o autor, 263

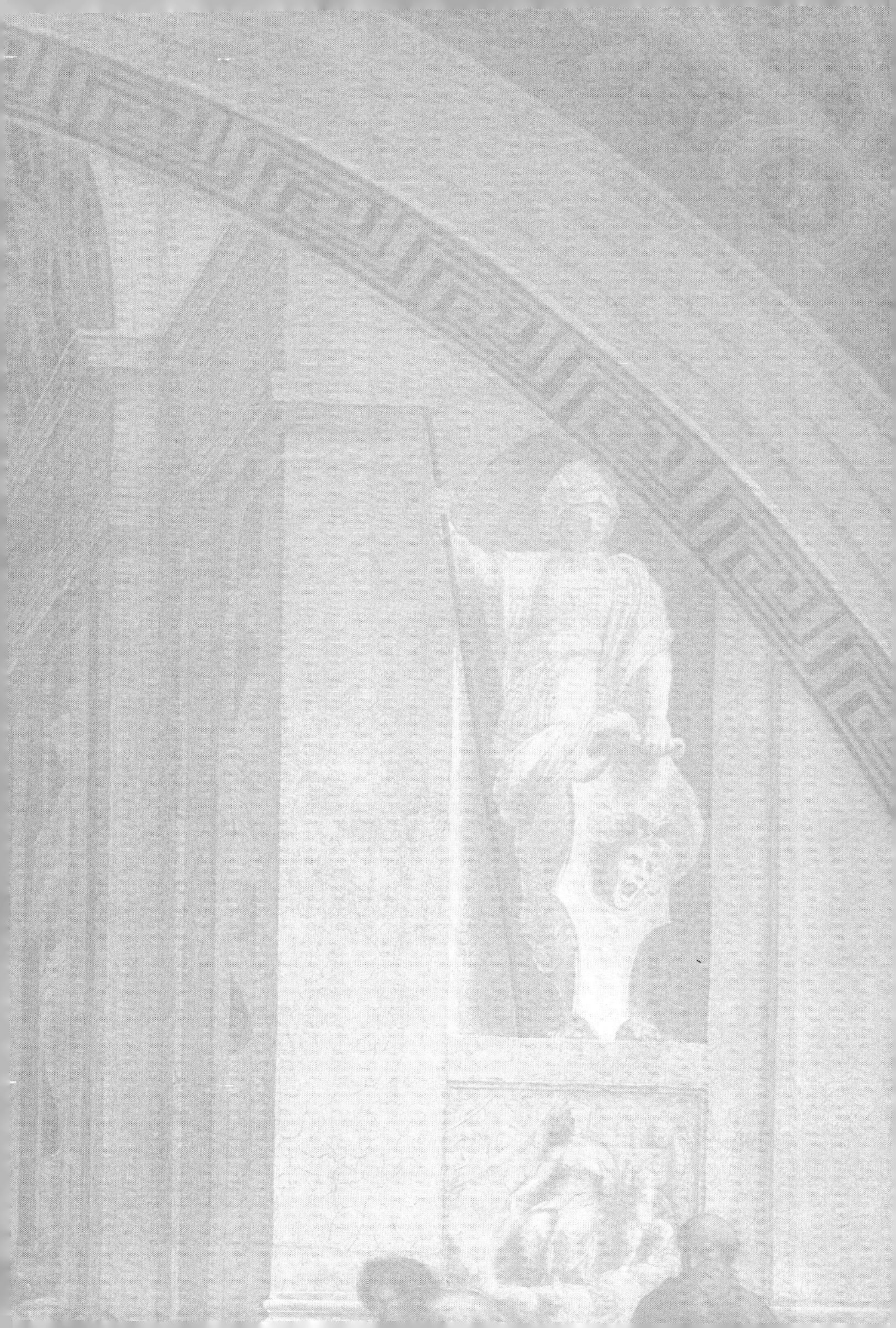

prefácio

Para *prefaciar o* livro **Didática e metodologia do ensino de filosofia no ensino médio**, do professor Ademir Aparecido Pinhelli Mendes, torna-se imperativo assumir, logo de início, o "lugar" de onde fala e se situa o autor, de seu posicionamento público como professor e intelectual. Isso só pode ser reconhecido mediante as condições existenciais e profissionais de um professor de Filosofia que leciona há mais de 20 anos no ensino médio na rede pública de ensino no Estado do Paraná.

A obra traz também as marcas de sua trajetória acadêmica desenvolvida em um ambiente de caráter reconhecidamente público e circunscrito pela pesquisa educacional de natureza qualitativa propiciada pelos cursos de mestrado e doutorado em Educação – na linha de pesquisa cultura, escola e ensino – na Universidade Federal do Paraná (UFPR). Além desse espaço, outro importante *locus* formativo foi sua participação orgânica e continuada nas sessões de estudo, eventos e debates promovidos pelo Núcleo de Estudos e Pesquisas sobre o Ensino de Filosofia (Nesef), vinculado ao Programa de Pós-Graduação em Educação (PPGE) da UFPR. Por um lado, leituras, estudos e debates de textos filosóficos de autores como Marx, Gramsci, Heller, Adorno, Lukács, Mészáros, Vázquez e Kosik e, por outro, de intelectuais relacionados ao debate cultural e educacional, como Freire, Rockwell e Ezpeleta, Goodson, entre outros, tiveram forte influência na formação do professor-autor e, assim, na consecução da presente obra.

Sua identificação intelectual e profissional com o ensino médio merece destaque especial, uma vez que boa parte de sua vida foi, e ainda é, dedicada aos sujeitos jovens do ensino médio paranaense. Pensar a escola mediante seus sujeitos, suas práticas, seus hábitos e seus ritos implica apreendê-la na perspectiva da totalidade. A *totalidade* é entendida aqui como categoria central do método dialético de análise de uma realidade situada e circunscrita como é, nesse caso, o da escola em geral e da aprendizagem filosófica, em específico. Nesse sentido, gostaria de ressaltar o que o professor Ademir, na apresentação do texto, diz acerca do processo de investigação, evidenciando sua opção teórico-metodológica ao propor um caminho para pensar a didática e a metodologia de ensino de filosofia: "elegemos seis elementos que consideramos fundamentais para que se possa pensar na didática e na metodologia do ensino de filosofia: natureza do conhecimento filosófico;

filosofia como disciplina do currículo do ensino médio; concepção de sujeitos do ensino médio; cotidiano escolar; aprendizagem filosófica; e, por fim, avaliação do processo de ensino e aprendizagem da filosofia". Esse percurso realizado na pesquisa demonstra a opção de não buscar uma saída simplificada para um problema complexo como é o ensino e aprendizagem da filosofia na educação básica, especialmente no ensino médio.

Muito mais do que apresentar receituários e estratégias metodológicas, o livro mostra a necessidade que todo professor tem de buscar uma profunda reflexão dos elementos que envolvem o processo didático-pedagógico do ensino de filosofia, os quais são aqui considerados, de um lado, por meio dos pressupostos filosóficos da recepção da aprendizagem (perspectiva filosófica, particularmente de Agnes Heller), e de outro, pelo entendimento de que o objeto da didática é o ensino. Trata-se, na verdade, de não separar filosofia (conteúdo e método) e didática (ensino e aprendizagem), ou seja, não é possível aprender filosofia na escola sem considerar o modo como a filosofia opera como conhecimento e sem levar em conta a construção do processo didático-pedagógico. Isso só é possível se considerarmos as especificidades que constituem o espaço escolar em sua concreticidade: sujeitos-juventude, materiais e rituais escolares (entre outros elementos) em tensão com o processo social no qual se inserem.

Considerando o cenário da educação brasileira na atualidade, não poderia deixar de mencionar a recente reforma do ensino médio aprovada pelo Congresso Nacional brasileiro como mais uma das medidas desastrosas do Governo Temer, que, segundo ele, tem a intenção de "modernizar" o país, nesse caso, por meio da educação, especialmente a do ensino médio. A denúncia é necessária não só pela forma como a Medida Provisória n. 764/2016 foi aprovada, mas também pelos prejuízos que ela trará em médio e longo prazos para a educação dos jovens em idade escolar, na medida em que transforma as disciplinas escolares, exceto Língua Portuguesa, Matemática e Língua Inglesa, em meros "temas transversais". Disciplinas como Filosofia e Sociologia simplesmente desaparecem, o mesmo ocorrendo com História, Geografia, Física e Química.

Uma vez constatado o prejuízo à filosofia com a mudança curricular proposta, uma saída, entre outras, para garantir o pouco que nos resta em termos de ensino, é investir em materiais e livros como este que aqui apresentamos. Considerando a trajetória da construção da pesquisa e das reflexões apresentadas no livro, estou seguro de que se trata de uma valiosa contribuição para os professores que trabalham com os conteúdos filosóficos em sala de aula.

Por fim, gostaria de ressaltar a importante discussão sobre a avaliação qualitativa da aprendizagem filosófica problematizada na parte final do texto. Como assevera o próprio autor, "o professor-filósofo precisa ter claras suas intencionalidades e apresentá-las aos sujeitos do ensino médio por meio do seu plano de trabalho e dos acordos pedagógicos realizados com os estudantes desde o início do trabalho". Em síntese, o filosofar em sentido próprio e concreto depende sobremaneira da mediação do professor – da atitude propositiva e práxica. Se a filosofia não se propõe a questionar com profundidade o sentido heterônomo da cotidianidade, ela não cumpre sua função social.

Geraldo Balduino Horn

apresentação

Esta *obra foi* criada com base em 10 anos de pesquisas realizadas sob a orientação do professor doutor Geraldo Balduíno Horn, no Programa de Pós-Graduação em Educação da Universidade Federal do Paraná (UFPR). Portanto, é válido ressaltarmos que parte dela é uma adaptação da dissertação de mestrado concluída em 2008, com o título *A construção do lugar da filosofia no currículo do ensino médio: análise a partir da compreensão dos professores da escola pública paranaense* (Mendes, 2008). Outra parte desta obra é uma adaptação da tese de doutorado concluída em 2014, com o título *Atitude filosófica do jovem no cotidiano escolar do ensino médio: um estudo sobre as possibilidades da recepção do conteúdo de filosofia política* (Mendes, 2014).

O objetivo desta obra, que trata de didática e metodologia do ensino de filosofia, não é prescrever um receituário sobre como se deve ensinar essa disciplina no ensino médio, mas sim propor, com base na concepção de que o objeto da didática é o ensino, elementos teórico-metodológicos que nos permitam pensar e organizar o processo de ensino e aprendizagem da filosofia no ensino médio. Entendemos que a didática é concretizada em uma metodologia de ensino desenvolvida pela **ação docente**.

Pensar esse processo significa compreendê-lo com base em uma totalidade concreta que se realiza no "chão da escola", ou seja, na sala de aula. Tendo isso em vista, elegemos seis elementos que consideramos fundamentais para que se possa pensar a didática e a metodologia do ensino de filosofia: natureza do conhecimento filosófico; Filosofia como disciplina do currículo do ensino médio; concepção de sujeitos do ensino médio; cotidiano escolar; aprendizagem filosófica; e, por fim, avaliação do processo de ensino e aprendizagem da filosofia.

Tendo em mente esses elementos essenciais, organizamos este livro em seis partes. No **Capítulo 1**, abordaremos as características da natureza do conhecimento filosófico e sua pluralidade. Nossa compreensão é de que não há apenas uma filosofia, mas sim *filosofias*, no plural, e, consequentemente, diferentes concepções e encaminhamentos metodológicos aplicáveis ao seu ensino. Se, de um lado, temos a afirmação de que há filosofias, de outro lado também é verdade que há um modo filosófico de pensar, e nós o evidenciaremos com base nas concepções de alguns expoentes da filosofia, que fizeram isso de forma exemplar.

Para nossos estudos, selecionamos Górgias, Protágoras, Sócrates, Platão, Aristóteles, Descartes, Hume e Kant, a fim de evidenciar como o conhecimento filosófico, muito mais do que um rol de conteúdos, conceitos e definições, constitui-se pelo movimento do próprio pensamento no interior da lógica de cada sistema filosófico. Se um sistema filosófico é organizado de acordo com uma lógica própria, esta terá fundamental importância na constituição da concepção metodológica e didática do ensino de filosofia. Como veremos nesse primeiro capítulo, cada sistema filosófico é formado com base em uma compreensão da natureza daquela filosofia à qual está filiada e, consequentemente, produzirá sua própria concepção de ensino.

No **Capítulo 2**, apresentaremos a relação entre filosofia e currículo, a fim de analisar o lugar que a disciplina de Filosofia ocupa na formação dos estudantes do ensino médio na educação brasileira. Para isso, iniciaremos o capítulo fazendo uma analogia entre as origens da filosofia na Grécia clássica concomitantemente ao surgimento da política e da educação, como o tripé que sustenta o ideal democrático grego. Analisaremos os significados que o currículo assumiu no âmbito da educação com seus determinantes culturais, econômicos e sociais, e como a Filosofia, sendo uma disciplina escolar, sofreu esses determinantes ao submeter-se às mesmas regras das disputas curriculares. Ao discutir filosofia e currículo, deter-nos-emos na análise histórica da inserção da Filosofia como disciplina curricular ao longo da história da educação brasileira e de como ela sempre esteve à mercê dos interesses políticos e econômicos que ditaram as políticas educacionais no Brasil, para, em 2008, novamente ocupar seu lugar de disciplina obrigatória no currículo do ensino médio. Por fim, ainda nesse capítulo, proporemos a análise de um problema decorrente da prática docente daqueles que ensinam filosofia: a diferença entre a natureza da filosofia que está presente no currículo escolar e a da filosofia que se materializa nas práticas filosóficas no ensino médio, ou seja, de qual filosofia é ensinada.

No **Capítulo 3**, investigaremos os conceitos de *jovem* e de *juventude*, bem como a importância destes para a compreensão dos sujeitos do ensino médio. Veremos que a investigação dessa temática envolve estudos da psicologia, da sociologia e da antropologia social. Marília Sposito (2008), pesquisadora da categoria "juventude", compreende a sob o posto de vista da transformação da escola, do mundo do trabalho, ao consumo etc., ou seja, sob a ótica dos movimentos sociais e culturais. Nesse sentido, o que define a juventude é sua experiência social. Por sua vez, François Dubet (1994), pensador da sociologia, oferece-nos importante contribuição para a compreensão da experiência social do jovem. Ele nos ajuda a entender o processo de socialização dos sujeitos do ensino médio nas diferentes lógicas da experiência social.

No **Capítulo 4**, levaremos você a compreender o cotidiano escolar do estudo de filosofia no ensino médio. Para isso, tomaremos como referência a categoria "vida cotidiana", com base em Agnes Heller (2004), e também os estudos etnográficos de Rockwell e Ezpeleta (1989) sobre o cotidiano escolar. É válido ressaltar que precisamos compreender *cotidiano escolar* como uma totalidade formada por muitas esferas da vida cotidiana. Na compreensão de Heller (1983), o ser social autoproduz-se no dia a dia, por isso a própria história é resultado da vida cotidiana. Por sua vez, o processo de ensino e aprendizagem é produzido e reproduzido no cotidiano escolar por meio de indivíduos particulares que se relacionam entre si em dimensões mais amplas da vida cotidiana e que extrapolam o próprio cotidiano escolar. Para melhor compreender esse processo, vamos investigar o cotidiano escolar do ensino médio e suas diferentes dimensões, como as políticas educacionais, a função social da escola, as concepções de *cultura* e *cultura escolar*, e também os conceitos de *trabalho docente* e *trabalho docente do professor de filosofia*.

No **Capítulo 5**, faremos uma breve incursão pelo pensamento de Agnes Heller (1983), especialmente no que se refere ao conceito de *recepção filosófica*, para que você compreenda a aprendizagem filosófica no ensino médio. Ao tratar da recepção filosófica, essa autora recorre ao conceito de *atitude filosófica* como resposta a um carecimento que, para ela, se expressa em três perguntas radicais: *Como devo pensar? Como devo agir? Como devo viver?* A tentativa de responder a essas questões vitais é mediada pela recepção que as pessoas fazem da filosofia. Por isso, a filosofia é uma forma de objetivação por meio da qual ocorre a satisfação de uma necessidade vital e a superação da vida cotidiana. Para a autora, há muitos modos de recepção da filosofia, que podem ser completas ou parciais e caracterizam três tipos de receptores: estético, entendedor e filosófico. Além disso, toda forma de recepção é mediada pelo mundo vivido e pela forma como o receptor se relaciona com ele.

No **Capítulo 6**, trataremos do problema da avaliação no ensino de filosofia. Recorrendo à legislação educacional, problematizaremos a questão da avaliação com base no fato de que, como disciplina da matriz curricular do ensino médio, a Filosofia participa das obrigações e incumbências das demais disciplinas – por exemplo, avaliar o processo de ensino e aprendizagem no ensino de filosofia. Analisaremos as especificidades dessa disciplina que, embora tenha conteúdo a ser ensinado, não deve pautar o processo de avaliação do ensino e da aprendizagem filosófica pela transmissão pura e simples dos conteúdos. É, portanto, necessário considerar as especificidades dos sujeitos desse nível de ensino e do processo de mediação docente. Tendo isso em mente, vamos apresentar propostas de como avaliar o processo de desenvolvimento da atitude filosófica para investigar problemas, de forma mediada pela ação docente, por textos filosóficos e pela vida cotidiana.

É importante mencionarmos que a organização desta obra em seis capítulos foi pensada para atender a uma necessidade didática e metodológica, já que não é possível tratar de todos os temas ao mesmo tempo. No entanto, é preciso mencionar que os temas ligados ao ensino de filosofia não estão fragmentados no momento em que se planeja, organiza e realiza o processo de ensino, ou seja, a compreensão da natureza da filosofia que se ensina, a disciplina curricular, a concepção de *sujeitos*, o cotidiano escolar, a concepção de *aprendizagem filosófica* e também a avaliação são momentos de um mesmo processo, fazem parte de uma totalidade.

*organização
didático-pedagógica*

Esta seção tem a finalidade de apresentar os recursos de aprendizagem utilizados no decorrer da obra, de modo a evidenciar os aspectos didático-pedagógicos que nortearam o planejamento do material e como o aluno/leitor pode tirar o melhor proveito dos conteúdos para seu aprendizado.

Introdução do capítulo

Logo na abertura do capítulo, você é informado a respeito dos conteúdos que nele serão abordados, bem como dos objetivos que o autor pretende alcançar.

Síntese

Você conta, nesta seção, com um recurso que o instigará a fazer uma reflexão sobre os conteúdos estudados, de modo a contribuir para que as conclusões a que você chegou sejam reafirmadas ou redefinidas.

Indicações culturais

Ao final do capítulo, o autor oferece algumas indicações de livros, filmes ou sites que podem ajudá-lo a refletir sobre os conteúdos estudados e permitir o aprofundamento em seu processo de aprendizagem.

Atividades de autoavaliação

Com estas questões objetivas, você tem a oportunidade de verificar o grau de assimilação dos conceitos examinados, motivando-se a progredir em seus estudos e a se preparar para outras atividades avaliativas.

Atividades de aprendizagem

Aqui você dispõe de questões cujo objetivo é levá-lo a analisar criticamente determinado assunto e aproximar conhecimentos teóricos e práticos.

Bibliografia comentada

Nesta seção, você encontra comentários acerca de algumas obras de referência para o estudo dos temas examinados.

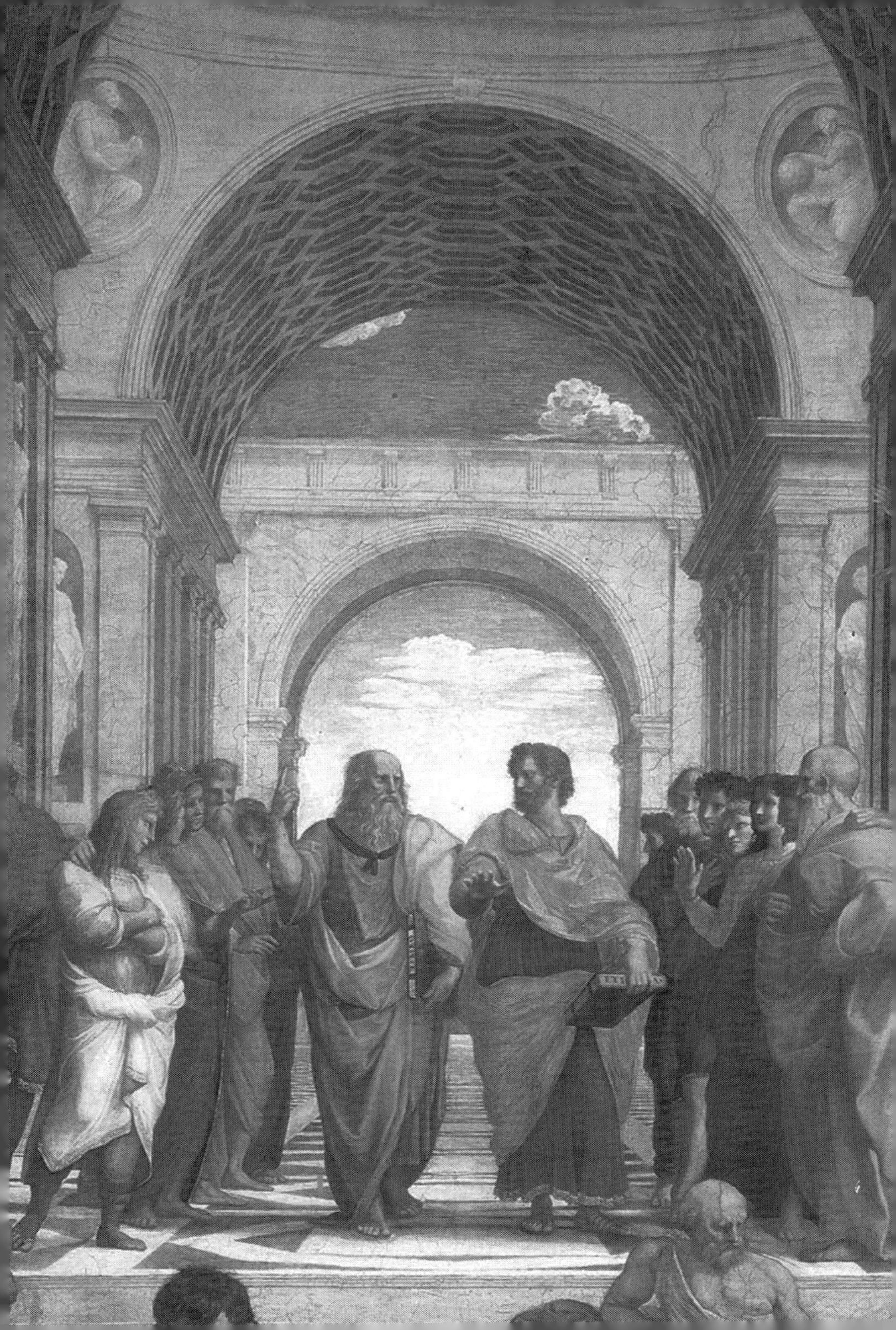

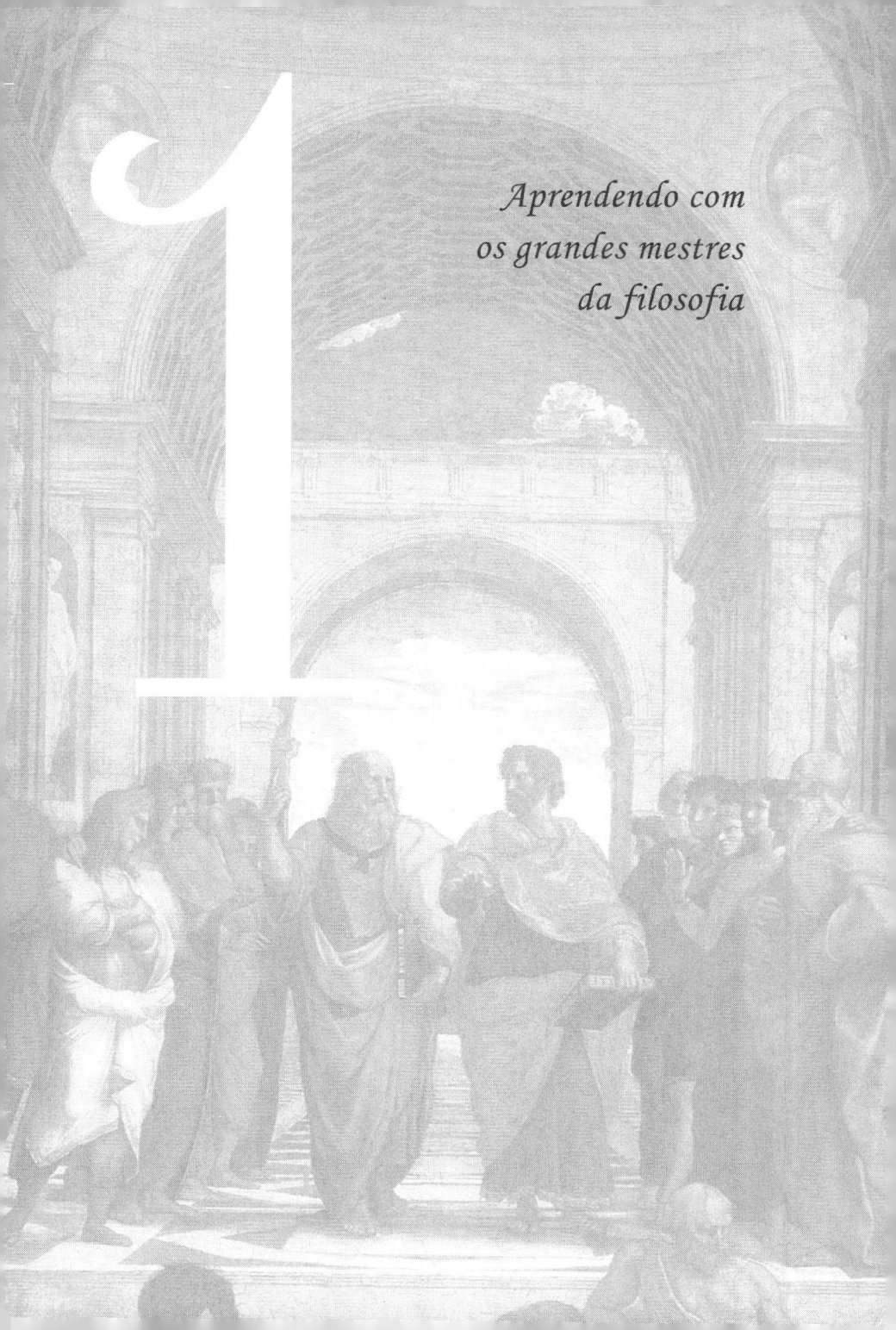

1

*Aprendendo com
os grandes mestres
da filosofia*

Neste capítulo, abordaremos o problema que existe na relação entre filosofia e filosofias, ou seja, a diferenciação que se expressa ao se tratar o termo no singular ou no plural, bem como as consequências que tal compreensão implica para o método filosófico e para o ensino dessa disciplina. Fazendo uma brevíssima incursão pelas concepções da natureza do conhecimento filosófico propostas por pensadores como Górgias, Protágoras, Sócrates, Platão, Aristóteles, Descartes, Hume, Kant e Hegel, evidenciaremos que o conhecimento filosófico, muito mais do que um rol dos conteúdos, conceitos e definições produzidos ao longo da história da filosofia, constitui-se pelo movimento do próprio pensamento no interior da lógica de cada um desses sistemas.

Nesse sentido, se um sistema filosófico é organizado de acordo com uma logicidade própria, esta terá fundamental importância no modo de fazer filosofia e na concepção didática e metodológica do ensino desta. Cada sistema filosófico é, portanto, formado com base na natureza da filosofia à qual está filiado e, consequentemente, produzirá a própria concepção de ensino, como veremos a seguir.

1.1
Filosofia e filosofias

Um desafio, entre tantos outros, a ser enfrentado por aqueles que intencionam adentrar uma sala de aula para ensinar filosofia, tanto na educação básica quanto no ensino superior, está relacionado à própria compreensão acerca da natureza do conhecimento filosófico.

Se considerarmos a filosofia tomando como referência somente a história do pensamento filosófico ocidental, podemos identificar linhagens de pensadores que se sucedem desde o século VI a.C.: os filósofos comumente conhecidos como *pré-socráticos*, os sofistas, passando pelos pensadores do período grego clássico e helenístico e, então, avançando ao longo dos períodos medieval, moderno e contemporâneo. Em cada um desses períodos, surgiram diferentes filósofos com seus sistemas filosóficos, ou, conforme Chaui (2003) apresenta, com explicações totalizantes sobre a natureza, o ser humano, a política, a ética, a estética etc.

Mas o que diferencia os sistemas filosóficos?

Nem todos os filósofos produziram os próprios sistemas filosóficos. Grosso modo, podemos dizer, parafraseando Chaui (2003), o que distingue uma **filosofia** de um **sistema filosófico** é a lógica de explicação totalizante deste último, que geralmente é sustentada por uma concepção de mundo, uma teoria do conhecimento, uma visão política, ética, estética etc. É, portanto, a lógica interna do pensamento filosófico do filósofo que, ao eleger um ponto central em torno do qual todos os outros elementos de sua filosofia orbitam, possibilita-nos identificar determinado sistema filosófico.

Para explicitar resumidamente o que é um *sistema filosófico*, faremos uma analogia deste com o Sistema Solar. Este último é composto por diferentes astros, entre eles o Sol, astro principal, e os planetas que o orbitam, ou seja, o Sol determina a órbita dos demais astros. Imaginemos, por exemplo, a filosofia de Platão como um sistema no qual todos os componentes que a constituem giram em torno de um centro de gravidade, ou seja, sua concepção de origem do conhecimento: o mundo das ideais (idealismo). Ou, então, poderíamos pensar sobre o sistema filosófico de Aristóteles que todos os elementos de sua filosofia orbitam em torno da premissa de que a verdade é extraída do mundo real (não ideal), por meio da razão, fazendo uso da lógica formal (realismo). Poderíamos dizer o mesmo de Descartes e do racionalismo, de Bacon e Hume e do empirismo, de Kant, Marx, entre outros.

> A questão a ser posta é: Se existem filosofias ou explicações totalizantes, como afirma Chaui (2003), que foram produzidos por diferentes filósofos no interior de seus sistemas filosóficos, qual filosofia ensinar? É possível ensinar uma filosofia sem ser influenciado por seu sistema filosófico? É possível neutralidade no ensino de filosofia?

Ao lidar com essas questões, e sem almejar neutralidade nem assumir a parcialidade da adoção de um único sistema, podemos adotar, no exercício docente, a estratégia de entender como os mestres da filosofia podem nos ajudar a realizar o processo de ensino e aprendizagem desta como experiência filosófica no interior dos diferentes sistemas.

Tendo isso em mente, é fundamental questionar quais elementos podemos considerar fundamentais para realizar o processo de ensino e aprendizagem da filosofia. Por isso, faremos, nas seções a seguir, uma breve exposição dos exercícios filosóficos realizados por alguns dos diferentes pensadores da história da filosofia.

1.2
Protágoras e Górgias

Em geral, os historiadores da filosofia costumam chamar os sofistas de *mestres do ensino da retórica e da argumentação*. Ocorre que, desde Platão, os sofistas foram ridicularizados como mestres da opinião e considerados pouco confiáveis, levando em conta que se acreditava ser o dever da filosofia a busca da verdade desinteressada e que esta não poderia ser empreendida por aqueles que cobravam pelo que ensinavam, como era o caso dos sofistas. No entanto, é difícil compreender Sócrates sem a presença dos sofistas como seus principais interlocutores nos diálogos escritos por Platão. Neles, Sócrates, como personagem principal, dialogava sobre a ética, a política, a arte etc. com os sofistas. A importância destes para o pensamento grego é considerada por Werner Jaeger (2013, citado por Reale; Antiseri, 2005, p. 73) como "um fenômeno tão necessário quanto Sócrates e Platão; aliás, sem eles, estes são absolutamente impensáveis".

É válido ressaltar os dois sofistas que alcançaram mais prestígio, sobretudo por conta do método de ensino que cada um deles utilizava: Protágoras de Abdera, nascido provavelmente entre os anos 491 a.C. e 481 a.C., e Górgias de Leontine, nascido provavelmente entre os anos 485 a.C. e 480 a.C.

A maior característica do pensamento dos sofistas é o **relativismo**. Como não estavam preocupados em ensinar um conteúdo *a priori* verdadeiro, já que este não existe, eles se dedicavam a exercitar o método de construção de verdades.

Vejamos, então, os métodos filosóficos dos dois sofistas já citados: Protágoras e Górgias.

Protágoras desenvolveu o **método da antilogia** ou **antilógico**, e é atribuído a ele o axioma "o homem é a medida de todas as coisas, daquelas que são por aquilo que são e daquelas que não são por aquilo que não são" (Reale; Antiseri, 2005, p. 76). Ele chamou de *medida* a capacidade humana de julgar todos os acontecimentos e experiências, negando qualquer critério absoluto de verdade anterior ao ser humano como indivíduo. Coerente com sua filosofia relativista, Protágoras desenvolveu um método para provar que a verdade é sempre produzida por dois raciocínios que se contrapõem, um que afirma e outro que contradiz o afirmado, apresentando razões que se anulam reciprocamente. Assim, com base no método antilógico, seria necessário sempre demonstrar tanto os argumentos favoráveis a uma tese quanto os contrários. Essa metodologia dava aos jovens aprendizes a habilidade de vencer os adversários nos debates públicos (Reale; Antiseri, 2005).

Górgias, por sua vez, tomou o **niilismo** como ponto de partida para estruturar seu pensamento, por meio da persuasão sustentada na retórica, que é a arte de bem falar. Seu niilismo é manifesto no seguinte axioma, composto de três argumentos: "1) nada é ou existe; 2) mesmo que existisse algo não poderia ser conhecido; 3) mesmo que pudesse ser conhecido, não poderia ser comunicado a outrem" (Simpson, 2011, p. 2).

Na formulação niilista do pensador, há três questões filosóficas fundamentais: as questões do ser, do pensar e do comunicar. O que ele pretende por meio da retórica é negar o ser, negar o pensamento e negar o ensino. Ao negar o ensino de conteúdos, Górgias estabelece a retórica como única forma de persuasão, sem a necessidade de que os argumentos tenham comprovação racional ou empírica, mas apenas a capacidade de persuasão por meio da linguagem, de modo que "a palavra adquire então autonomia própria, quase ilimitada, porque desligada dos vínculos do ser" (Reale; Antiseri, 2005, p. 78).

1.3
Sócrates e Platão

Sócrates está inscrito no sistema filosófico de Platão. No sistema platônico, ao contrário do proposto pelos sofistas, a verdade tem conteúdo a ser ensinado, o que determina sobremaneira o método de ensino.

Para compreender como e para que **Sócrates** utilizava seu método filosófico, precisamos considerar dois elementos importantes de seu contexto histórico:

1. A democracia ateniense era fortemente influenciada pelos sofistas, razão por que os historiadores da filosofia atribuem grande influência do pensamento relativista destes no desenvolvimento político ateniense baseada na democracia. De acordo com Chauí (2003), a democracia ateniense substituiu o poder único e centralizado de um soberano e depositou toda autoridade na lei, como vontade de todos. Consequentemente, o consenso substituiu a verdade absoluta advinda de uma autoridade humana ou religiosa.
2. O segundo elemento importante para compreendermos o método filosófico de Sócrates pode ser encontrado na filosofia de Platão.

Ao contrário dos sofistas, ele não era relativista e defendia a existência de uma verdade ideal, absoluta, perfeita. Essa verdade, como forma de conhecimento, é inata, pois está na alma. Uma vez que a alma já esteve no mundo ideal e migrou para o mundo dos homens, ela traz dentro de si todas as verdades. A educação, portanto, ao contrário do que pensavam os sofistas, consiste em fazer o indivíduo lembrar tudo aquilo que está em sua alma, mas que esta, ao ocupar um corpo, acabou esquecendo.

Pensando como Platão, Sócrates acreditava, portanto, que há sim uma verdade eterna, imutável, perfeita etc. Para fazer o indivíduo lembrar o que sua alma sabia, mas esqueceu, Sócrates utilizou o método da **ironia** e da **maiêutica**.

Conforme demonstra Platão em muitas de suas obras, esse método consistia no fato de que Sócrates começava interpelando seu interlocutor para o diálogo. Para ele, o interlocutor era sempre um indivíduo particular, e sua interpelação tinha como origem seu posicionamento pessoal diante do que foi proferido pela pitonisa do Templo de Delfos, que o proclamara como o homem mais sábio de todos os tempos. Sócrates, para não contradizer o oráculo, admitiu, sim, que era o homem mais sábio, mas por nada saber. Surgiu daí o famoso ditado socrático "Só sei que nada sei". Ao se assumir como ignorante, Sócrates questionava seu interlocutor sobre o que este sabia e se, de fato, sabia o que afirmava saber. Durante o diálogo, Sócrates ironizava as afirmações que o interlocutor considerava indiscutivelmente verdadeiras, fazendo-lhe perguntas que o levavam a reconhecer a contradição de suas afirmações e a também se reconhecer ignorante.

Em seguida, Sócrates passava a utilizar a segunda parte do seu método, a maiêutica, cujo significado é "parir ideias". De fato, o mestre de Platão apresentava-se como **parteiro de ideias**.

Veja um trecho em que Sócrates expõe seu método:

> A minha arte obstétrica tem atribuições iguais às das parteiras, com a diferença de eu não partejar mulher, porém homens, e de acompanhar as almas e não os corpos, em seu trabalho de parto. Porém a grande superioridade da minha arte consiste na faculdade de conhecer de pronto se o que a alma dos jovens está na iminência de conceber é alguma quimera. Neste particular, sou igualzinho às parteiras: estéril em matéria de sabedoria, tendo grande fundo de verdade a censura que muitos me assacam, de só interrogar os outros, sem nunca apresentar opinião pessoal sobre nenhum assunto, por carecer, justamente, de sabedoria. E a razão é a seguinte: a divindade me incita a partejar os outros, porém me impede de conceber. Por isso mesmo, não sou sábio, não havendo um só pensamento que eu possa apresentar como tendo sido invenção de minha alma e por ela dado à luz. Porém, os que tratam comigo, suposto que alguns, no começo, pareçam de todo ignorantes, com a continuação de nossa convivência, quantos a divindade favorece progridem admiravelmente, tanto no seu próprio julgamento como no de estranhos. O que é fora de dúvida é que nunca aprenderam nada comigo; neles mesmos é que descobrem as coisas belas que põem no mundo, servindo, nisso tudo, eu e a divindade como parteira. E a prova é o seguinte: muitos desconhecedores desse fato e que tudo atribuem a si próprios, ou por me desprezarem ou por injunções de terceiros, afastam-se de mim cedo demais. O resultado é alguns expelirem antes do tempo,

em virtude das más companhias, germes por mim semeados, e estragarem outros, por falta da alimentação adequada, os que eu ajudara a pôr no mundo, por darem mais importância aos produtos falsos e enganosos do que aos verdadeiros, com o que acabam por parecerem ignorantes aos seus próprios olhos e aos de estranhos. Quando voltam a implorar instantemente minha companhia, com demonstrações de arrependimento, nalguns casos meu demônio familiar me proíbe reatar relações; noutros o permite, voltando estes, então, a progredir como antes. Neste ponto, os que convivem comigo se parecem com as parturientes: sofrem dores lancinantes e andam dia e noite desorientados, num trabalho muito mais penoso do que o delas. É o que se dá com todos. Todavia, Teeteto, os que não me parecem fecundos, quando eu chego à conclusão de que não necessitam de mim, com a maior boa-vontade, assumo o papel de casamenteiro e, graças a Deus, sempre os tenho aproximado de quem lhes possa ser de mais utilidade. Muitos desses já encaminhei para Pródigo, e outros mais para varões sábios e inspirados. Se te expus tudo isso, meu caro Teeteto, com tantas minúcias, foi por suspeitar que algo em tua alma está no ponto de vir à luz, como tu mesmo desconfias. Entrega-te, pois, a mim, como a filho de uma parteira que também é parteiro, e quando eu te formular alguma questão, procura responder a ela do melhor modo possível. E se no exame de alguma coisa que disseres, depois de eu verificar que não se trata de um produto legítimo, mas de algum fantasma sem consistência, que logo arrancarei e jogarei fora, não te aborreças como o fazem as mulheres com seu primeiro filho. Alguns, meu caro, a tal extremo se zangaram comigo, que chegaram a morder-me por os haver livrado

> de um outro pensamento extravagante. Não compreendiam que eu só fazia aquilo por bondade. Estão longe de admitir que de jeito nenhum os deuses podem querer mal aos homens e que eu, do meu lado, nada faço por malquerença, pois não me é permitido em absoluto pactuar com a mentira nem ocultar a verdade.

Fonte: Platão, 2010, p. 47-48.

Assim como sua mãe, que era parteira, Sócrates, por meio da arte de perguntar, pretendia fazer com que cada indivíduo atingisse o conhecimento da verdade que estava dentro dele próprio, ou seja, na alma, e, por fim, chegasse à *parrhesia* (falar a verdade), reconhecendo definitivamente o que é verdadeiro sem se preocupar com sua opinião inicial.

No mesmo diálogo, Platão (2010) defende que a filosofia surge da admiração ou do maravilhamento, e o faz quando descreve como o jovem Teeteto ficou admirado, maravilhado, com a argumentação desenvolvida por Sócrates sobre a sensação e o conhecimento, momento em que o próprio Sócrates atribui a experiência da admiração ou maravilhamento como origem da filosofia.

> **Sócrates** — Em consequência, se fôssemos hábeis e sábios, eu e tu, e já tivéssemos investigado a fundo o que se relaciona com o espírito, daqui por diante, por passatempo, experimentaríamos reciprocamente as forças, à maneira dos sofistas, num embate em que faríamos tinir argumento contra-argumento. Porém, como simples particulares, procuremos, antes de mais nada, considerar diretamente o que vêm a ser os temas em estudo, se estão harmônicos ou em completo desacordo.
> **Teeteto** — Com sinceridade, é o que desejo.

Sócrates — Eu também. Mas, nesse caso, já que temos tempo de sobra, por que não recomeçarmos nossa análise com toda a calma, sem nenhuma irritação, examinando-nos de verdade, para vermos o que, de fato, sejam essas visões que se formam dentro de nós? Passando a considerá-las, diremos, logo de início, segundo penso, que jamais alguma coisa ficou maior, seja em volume seja em quantidade, enquanto se manteve igual a si mesma. Não é verdade?

Teeteto — Exato.

Sócrates — Em segundo lugar, uma coisa a que nada se acrescente e de que nada se tire não aumentará nem desaparecerá, porém continuará sempre igual.

Teeteto — Incontestavelmente.

Sócrates — E não poderemos apresentar mais um postulado, seria o terceiro, nos seguintes termos: o que não existia antes, não poderia ter existido sem formar-se ou ter sido formado?

Teeteto — É também o que eu penso.

Sócrates — Eis aí, por conseguinte, três proposições aceitas por nós, que contendem em nossa alma, seja quando falamos de ossinhos de jogar, seja quando imaginamos um caso como o seguinte: com a idade que tenho, sem crescer coisa alguma nem sofrer modificação contrária, no decurso de um ano, em relação a ti, que és mais moço, presentemente sou maior, porém depois virei a ficar menor, e isso sem que minha altura diminua, mas pelo fato de aumentar a tua. Sou, portanto, posteriormente, sem me ter modificado, o que antes não era. Sem o devir, nada vem a ser, e nada havendo eu perdido do meu volume, não poderia ter ficado menor. O mesmo se passa em milhares de casos como esse, se aceitarmos os presentes argumentos. Sei que me acompanhas, pelo menos tenho a impressão de que não és neófito nessas questões.

> **Teeteto** — Pelos deuses, Sócrates, causa-me grande admiração o que tudo isso possa ser, e só de considerá-lo, chego a ter vertigens.
> **Sócrates** — Estou vendo, amigo, que Teodoro não ajuizou erradamente tua natureza, pois a admiração é a verdadeira característica do filósofo. Não tem outra origem a filosofia. Ao que parece, não foi mau genealogista quem disse que Íris era filha de Taumante. Porém já começaste a perceber a relação entre tudo isso e a proposição que atribuímos a Protágoras? Ou não?
> **Teeteto** — Acho que não.
> **Sócrates** — E não me ficarás agradecido, se te ajudar a patentear o sentido oculto do pensamento de um homem famoso, ou melhor, de vários homens famosos?
> **Teeteto** — Como não ficar? Muitíssimo, até.

Fonte: Platão, 2010, p. 54-55.

De acordo com Engler (2011), no diálogo entre Sócrates e Teeteto há três pontos importantes que devem ser analisados:

1. O primeiro ponto é que "a admiração é provocada intencionalmente por Sócrates" (Engler, 2011, p. 34). Observa-se a intencionalidade do mestre, que provoca no discípulo a experiência da admiração pelo conhecimento que lhe é apresentado. É um tipo de admiração diferente daquela provocada pelas sensações, já que o jovem admira o modo como Sócrates, utilizando a maiêutica, expõe o tema de estudo.

2. Isso constitui, para Engler (2011, p. 36), o segundo ponto, ou seja, que a admiração refere-se ao ser: "a admiração pelo fato de que o ser é", o que o leva a pensar na origem e no fundamento do "ser". Portanto, a admiração/o maravilhamento não se origina nas sensações, e sim na filosofia.

3. O terceiro ponto apontado por Engler (2011) refere-se à origem (*arché*) da filosofia como atividade da alma. Podemos pensar, aqui, no processo pelo qual o prisioneiro sai da caverna em busca do conhecimento e fica admirado ao contemplar o que encontra fora dela.

Para Platão, a filosofia não deve necessariamente eliminar a admiração suscitada por qualquer evento. No seu desenvolvimento ela nos leva a diferentes níveis de conhecimento, que correspondem a todos os percalços que devemos enfrentar até que deixemos a caverna e possamos ver a luz do Sol, e certamente faz com que deixemos de nos admirar com algumas coisas. (Engler, 2011, p. 39)

A filosofia como experiência da admiração é um evento que ocorre na alma e provoca a busca pelo autoconhecimento, a busca da filosofia. Nesse sentido, entendemos o fato de Platão inserir, como estratégia metodológica, as alegorias – ou, conforme as conhecemos, os "mitos". Essa é uma estratégia didática utilizada por Platão para provocar a admiração na alma de seus discípulos. Na *Alegoria da Caverna*, por exemplo, Platão apresenta alguém que está nas sombras (sensações) e sai em busca da luz (conhecimento).

O próprio Platão interpreta seu mito como uma metáfora para traduzir a ascensão que o filósofo realiza até o lugar em que contempla as ideias, ascensão essa que se inicia com a admiração e que, em seu final, ainda a mantém sob forma de pasmo e reverência. Ele nos autoriza a compreender toda a fábula como um relato dos percalços intelectuais por que passa quem se dedica à filosofia, e é curioso pensar que não tenha ligado de modo claro essa descrição ao maravilhamento, deixando tal vínculo oculto e, em certo sentido, impensado. (Engler, 2011, p. 192)

Além do *Mito da Caverna*, Platão lança mão de outros mitos em vários escritos, como forma de provocar a admiração e o pensamento.

São exemplos o *Mito de Er*, no qual apresenta o que ocorre no mundo dos mortos, e o *Mito da Parelha Alada*, na qual apresenta a alma como princípio do movimento.

1.4
Aristóteles

Para Aristóteles, a filosofia nasce da perplexidade do ser humano diante dos fenômenos da natureza. Ao contrário de Platão, que concebia a admiração como uma atividade da alma diante do conhecimento, o realismo aristotélico busca em bases materiais os fundamentos da origem da filosofia – por exemplo, o modo como os filósofos da natureza (pré-socráticos) desenvolveram, na Ásia Menor, o pensamento em busca de um princípio como origem do ser (*arché*). Por isso, para Aristóteles, diante dos fenômenos da *physis*, o ser humano fica perplexo.

Na obra *Metafísica*, **Aristóteles** desenvolveu esse tema ao investigar as características gerais da sabedoria como modo de buscar o conhecimento sobre a origem e as causas do ser – ou seja, partindo da admiração, os seres humanos buscam a filosofia como uma ciência universal ou como meio de fugir da ignorância e chegar ao conhecimento. A perplexidade com os fenômenos na natureza é, portanto, o primeiro passo para reconhecer a própria ignorância e buscar o conhecimento sem nenhum interesse utilitário ou imediato, apenas para conhecer os fenômenos que deixam os seres humanos perplexos.

Não é a perplexidade que produz a filosofia. Esta, assim como os mitos, é apenas um indutor que leva ao processo de investigação, a fim de superar a perplexidade em busca da certeza. Mas, para que isso pudesse ser possível, Aristóteles tentou "fundamentar com bases históricas a antropologia filosófica que acabou de apresentar, sugerindo duas condições sociopolíticas para que os homens pudessem se deixar tomar pela perplexidade e buscar conhecer o universal em si mesmo: a liberdade e o ócio" (Engler, 2011, p. 38).

Assim, para Aristóteles, a filosofia é uma atividade própria dos seres humanos livres, que, estando liberados das preocupações impostas pela necessidade de sobrevivência e ocupações práticas, buscaram fugir da ignorância. Como homens que têm fim em si mesmos, são capazes de buscar um conhecimento como um fim em si mesmo. Foi assim que surgiu a ciência que não está submetida às necessidades da vida prática (Aristóteles, 2012).

1.5
René Descartes

Pensador do século XVII e pai do racionalismo moderno, **René Descartes** ofereceu-nos um elemento fundamental para a produção do conhecimento filosófico. Ele toma como ponto de partida a busca por evidências racionais, com base nas quais se pudesse chegar ao que ele considerava o conhecimento seguro e verdadeiro, livre tanto das opiniões originadas nos sentidos quanto das crenças e tradições de pensamento sustentadas na autoridade. Por isso, em busca de um caminho seguro para chegar a certezas indubitáveis, Descartes propôs, em primeiro lugar, a suspensão do juízo como regra básica. Assim, ele propôs o exercício da dúvida metódica em relação a tudo o que conhecia e pensava ser verdadeiro até então. Propôs-se, então, a não acolher nenhum juízo se esse não se apresentasse de forma evidente e distinta.

Esse filósofo refutou criteriosamente todo tipo de certeza que impunha ao juízo, como conhecimentos obtidos por meio dos sentidos, uma vez que estes o conduziam ao erro, já que originados das percepções sensoriais. Estas não seriam confiáveis, pois, se já nos enganaram uma vez, poderiam nos enganar sempre.

Descartes (1983) propõe-nos as seguintes questões: O que aconteceria se tudo o que compreendemos como conhecimento verdadeiro não passasse de um sonho? Se não temos certeza de estamos dormindo ou acordados, como podemos acreditar que o conhecimento que aceitamos como verdadeiro não é resultado de nossos sonhos?

Portanto, nada nos garante que aquilo que consideramos como verdade não é resultado de uma ilusão onírica.

Na terceira refutação, Descartes (1983) coloca em dúvida os conhecimentos advindos da geometria, como o de que um triângulo é uma figura geométrica formada por três ângulos: Mas e se as verdades oriundas da geometria forem ilusões colocadas em minha mente por Deus para me fazer acreditar erroneamente em verdades absolutas? Ao continuar seu raciocínio, Descartes (1983) concluiu que Deus não o pode enganar, já que é um ser perfeito e faz parte de sua perfeição não enganar os homens. Se assim o fizesse, não seria Deus.

Por fim, Descartes utilizou a hipótese do gênio maligno, que consiste no seguinte raciocínio: Deus não pode enganar, já que isso não faz parte de sua natureza, mas um gênio maligno pode colocar nas mentes das pessoas verdades matemáticas para induzi-las ao erro. Sendo assim, as verdades obtidas pela razão por meio dos juízos matemáticos também devem ser refutadas.

Após limpar sua mente de todas as possíveis certezas, Descartes admitiu que havia apenas uma certeza da qual não poderia se desvencilhar e fez o seguinte raciocínio: para que pudesse exercer a dúvida hiperbólica, deveria haver uma condição sem a qual isso não seria possível, ou seja, para que pudesse duvidar, ele deveria existir como pensamento que duvida. Nesse caso, há uma certeza sem a qual a dúvida não seria possível. Essa certeza indubitável seria uma substância pensante. Foi com base nesse raciocínio, que ele proferiu a famosa expressão "penso, logo existo" (*cogito ergo sum*), certo de existir como "uma coisa que pensa enquanto pensa".

A conclusão de Descartes não se refere ao conteúdo do pensamento, mas somente à compreensão de que o ato de duvidar não pode ser contestado, já que, para isso, é necessário estar pensando, não sendo possível duvidar sem pensar. Portanto, há uma certeza: a de que Renê Descartes se descobre como substância que pensa, daí a conclusão: "penso logo existo".

É importante notar que a dúvida metódica proposta por Descartes não o leva ao ceticismo radical. Há, sim, certo ceticismo nele, mas somente como forma de suspender todos os juízos para chegar à primeira verdade indubitável, fazendo uso somente da razão.

O ceticismo cartesiano é abandonado a partir do momento em que o filósofo chega à sua primeira verdade indubitável e, por conseguinte, às outras verdades indubitáveis, como a existência de Deus e do corpo como máquina que aloja a substância pensante e a existência do mundo, lugar em que o corpo está inserido geográfica e temporalmente. Em consequência disso, Descartes proclama a razão como absoluta na descoberta da verdade, e seu dogmatismo filosófico passa a produzir enormes consequências para a desenvolvimento da ciência moderna.

1.6
David Hume

Os empiristas também nos deram sua contribuição para que hoje possamos pensar os elementos fundamentais da produção do conhecimento filosófico e seu ensino. Trataremos, aqui, especialmente das contribuições do filósofo escocês **David Hume** (1711-1776). Como empirista, Hume propôs como método de investigação a **observação**, que, para ele, deveria ocorrer por meio das percepções individuais, responsáveis pela produção das impressões ou ideias até chegar ao que ele denominou *generalizações*.

De acordo com Hume, por meio das impressões captadas por nossas percepções, associadas no espaço e no tempo, podemos concluir que tudo o que existe é resultado da relação entre causa e efeito. Ocorre que essa é uma operação apenas da nossa imaginação, que produz a ideia de causalidade, semelhança, contiguidade. Assim, nossa imaginação cria continuamente a relação entre causa e efeito para explicar coisas e fatos, até chegar às causas primeiras, como fizeram os filósofos metafísicos, embora, na verdade, isso se deve unicamente ao nosso hábito de associar os acontecimentos entre si e justificar sua existência, lançando mão da ideia de causalidade. O que há é apenas a sucessão de fatos que nos parecem associados, pois estamos habituados a observá-los de modo a vincular tudo o que ocorre a uma causa anterior.

Em certo sentido há, no pensamento de Hume, um ceticismo metodológico que se manifesta ao enunciar a impossibilidade do conhecimento humano para compreender os fatos para além daquilo que nossa percepção e nossa imaginação conseguem apreender. Com isso, Hume está nos dizendo que não podemos pretender afirmar verdades absolutas ou universais, já que o entendimento que temos de tudo é humano e, por isso mesmo, sempre parcial e limitado pelo tempo e pelo espaço – ou seja, não podemos afirmar nada além do que permite nossa experiência humana.

1.7
Kant e Hegel: ensinar história da filosofia ou ensinar a filosofar?

Outra questão a ser analisada refere-se à autonomia do sujeito que aprende e da heteronomia daquele que ensina/transmite, ou seja, da contradição existente entre ensinar e aprender e, ao mesmo tempo, da inseparabilidade desse processo quando se trata de educação escolar. Sobre essa condição, Forquin (1993, p. 20) afirma que

> existe uma espécie de incompatibilidade estrutural entre o espírito da modernidade e a justificação da educação como tradição e transmissão cultural. [...] não podemos nos satisfazer com um discurso pedagógico puramente 'instrumentalista', que atribuiria como único alvo para a educação formar espíritos ágeis e personalidades adaptáveis, capazes de respostas 'flexíveis' e preparadas para qualquer eventualidade. Do mesmo modo, se a autonomia da pessoa é um fim em si, incondicionalmente desejável, uma pedagogia que pretendesse apoiar ou favorecer esta autonomia com base numa negação do imperativo da cultura, isto é, pretendendo liberar as crianças de toda submissão a uma ordem de saberes, de símbolos e de valores anterior e exterior a ela, só poderia conduzir a consequências derrisórias e devastadoras.

Esse problema é de fundamental importância na discussão sobre o ensino de filosofia, uma vez que é possível recolocar aqui a clássica discussão entre Immanuel Kant (1996; 1974) e Friedrich Hegel (1994): "Kant defende a tese de que se deve ensinar a filosofar e Hegel defende a tese oposta de que se deve ensinar os conteúdos da história da filosofia" (Horn, 2003, p. 2).

Portanto, o questionamento posto por Kant e Hegel é sobre a possibilidade de ensinar a filosofia no sentido da transmissão do pensamento dos filósofos, que está materializada na produção da história da filosofia, a fim de que o estudante possa, primeiro, apropriar-se do pensamento dos filósofos para, somente depois, começar a filosofar por si mesmo; ou se somente é possível ensinar a filosofar, uma vez que o sujeito pensante tenha autonomia de pensamento e possa então filosofar, ou seja, realizar o exercício de pensar filosoficamente, sem precisar refazer o percurso dos filósofos clássicos tal qual está registrado na história da filosofia.

Para Meirieu (1998), esse é apenas um dilema de aparente contradição entre um modelo educacional fundado no processo e na transmissão do conhecimento e sua assimilação pelo sujeito, e um modelo educacional fundado na autonomia do sujeito, que, por meio do uso da razão, pode aprender por si mesmo, respeitando suas especificidades, suas características e seus interesses.

Essas são antinomias do processo pedagógico do ensino e aprendizagem. De um lado, está o sujeito, com a confiança que é depositada nos próprios recursos, o respeito ao desejo, o interesse e o projeto subjetivo, bem como a valorização de seu processo de aprendizagem. De outro lado, está a autoridade daquele que ensina, a exterioridade da lei, do saber, das exigências da estrutura econômica, do sistema de ensino, do currículo prescrito, das normatizações do sistema oficial de avaliação etc. A opção por uma das duas teses poderia significar, por um lado, ter de admitir a autonomia do sujeito e de seus conhecimentos concebida como promoção do endógeno e, por outro, ter de aceitar a imposição das normas e regras ditadas pelos fatores externos ao sujeito.

A antinomia constitui-se no fato de ambas as teses serem, ao mesmo tempo, aceitáveis e passíveis de contestação. É possível que encontremos fortes argumentos na filosofia, na sociologia e na psicologia da educação, em suas diferentes e diversas abordagens acumuladas ao longo da história, para justificar teoricamente tanto as pedagogias que defendem a autonomia do sujeito quanto as que sustentam a tese da submissão do sujeito às normas, presente, por exemplo, nas pedagogias diretivas. Que opção escolher então? "Estamos condenados a escolher ou a nada fazer e, assim, entregues ao arbítrio ou ao imobilismo?" (Meirieu, 1998, p. 38).

Nem sempre as incompatibilidades teóricas significam uma impossibilidade prática quando se trabalha com a categoria *contradição*. Aquilo que aparentemente é irreconciliável teoricamente pode significar que precisamos reconhecer que há ali uma tensão, como é o caso do trabalho pedagógico, que precisa ser considerado sob seu aspecto histórico. "E a história é transição, mudança, permanência, diferença, conflito, contradição [...] onde os sujeitos se confrontam e onde trabalham e se articulam, nunca com muita facilidade, interioridade e exterioridade, estudante e professor, estruturas cognitivas existentes e os novos aportes" (Meirieu, 1998, p. 38-39).

Isso porque o trabalho pedagógico não é estanque e aleatório, mas sim uma relação pedagógica entre duas pessoas, um confronto no qual existem tensões entre aquele que deseja legitimamente inculcar a instrução social e aquele que resiste, mobilizando seus desejos e interesses imediatos por aprender muito mais ou muito menos. Por isso, é preciso considerar o movimento histórico que ocorre no processo de ensino e aprendizagem, sabendo que não há receitas prévias, sequer há alguma receita. A história é feita de pressões, tensões, resistências, contradições e mediações, e não é mecânica nem linear, pois é preferível "não renunciar a um dos dois termos da alternativa, mas colocá-los em tensão para colocar-se sob tensão. E quanto mais profundamente estivermos empenhados em não sacrificar nenhum dos dois polos, maior e mais fecunda será essa tensão" (Meirieu, 1998, p. 39-40).

A antinomia teórica só se resolve na prática pedagógica na qual aquele que ensina e aquele que aprende se encontram no desejo de ensinar e aprender. Essa saída para o dilema pedagógico exige, por um lado, o respeito aos sujeitos, a suas aquisições, suas capacidades, suas resistências, seus recursos, seus interesses e seus desejos e, por outro lado, que sejam considerados os conhecimentos que devem ser aprendidos, assimilados e inventariados, a fim de que se possa construir novas abordagens, compreensões e aprendizagens. Aquilo que se mostrou como uma irreconciliável tensão teórica, quando tomada sob uma compreensão histórica e numa perspectiva dialética, apresenta-se como uma maneira de compreender a lógica do trabalho pedagógico.

Síntese

Neste capítulo, descobrimos que a lógica de compreensão de um sistema filosófico acerca da natureza da filosofia contribui para a construção de determinada concepção metodológica e didática do ensino da filosofia. Um sistema filosófico é constituído por uma explicação totalizante, sustentada em uma teoria do conhecimento e em uma concepção de mundo. Disso, podemos depreender algumas concepções de ensino originadas em diferentes sistemas filosóficos.

Vimos que a característica mais acentuada do pensamento dos sofistas é o relativismo. Como não estavam preocupados em ensinar um conteúdo *a priori* verdadeiro, já que, para eles, este não existe, dedicavam-se a exercitar o método de construção de verdades. Protágoras desenvolveu um método para provar que a verdade é sempre produzida por dois raciocínios que se contrapõem: um que afirma e outro que contradiz o afirmado, cada um apresentando razões que se anulam reciprocamente. Górgias, por sua vez, partiu do niilismo para estruturar seu pensamento por meio da retórica, que é a arte de bem falar. O que ele pretendia por meio da retórica era negar o ser, o pensamento e o ensino – ao negar o ensino de conteúdos, Górgias estabeleceu a retórica como única forma de persuasão.

Sócrates, por sua vez, inscrevia-se no sistema filosófico de Platão. Para ambos, ao contrário do que defendiam os sofistas, a verdade tem conteúdo a ser ensinado, o que determinará sobremaneira o método de ensino. Sócrates acreditava que há uma verdade eterna, imutável, perfeita etc. que a alma humana conhece antes de sua existência terrena. Para fazer o indivíduo lembrar o que sua alma sabia, mas esqueceu, Sócrates utilizava o método da ironia e da maiêutica.

Platão defendeu que a filosofia surge da admiração ou do maravilhamento; logo, a filosofia como experiência da admiração é um evento que ocorre na alma e provoca a busca pelo autoconhecimento, que é a busca da filosofia. Nesse sentido, podemos entender por que Platão adotou as alegorias – ou *mitos*, como as conhecemos – como estratégias metodológicas, pois elas eram mais aptas a provocar a admiração na alma de seus discípulos.

Aristóteles investigou as características gerais da sabedoria para conhecer a origem e as causas do ser. Para ele, partindo da admiração, os homens buscam a filosofia como ciência universal e como meio de fugir da ignorância e chegar ao conhecimento. A perplexidade diante dos fenômenos na natureza é, portanto, o primeiro passo para reconhecer a própria ignorância e buscar o conhecimento sem nenhum interesse utilitário ou imediato, apenas para explicar os fenômenos capazes de nos deixar perplexos.

Já Descartes estabeleceu a dúvida metódica como exercício em relação a tudo o que ele conhecia e pensava ser verdadeiro até então, propondo-se não acolher nenhum juízo que não se apresentasse de forma evidente e distinta. Criteriosamente, ele refutou cada tipo de certeza que se lhe impôs ao juízo. Primeiro, os conhecimentos obtidos por meio dos sentidos, pois estes o conduziam ao erro, já que originados das percepções sensoriais, que, por sua vez, não são confiáveis. O ceticismo cartesiano foi abandonado a partir do momento em que o filósofo chegou à sua primeira verdade indubitável e, por conseguinte, às outras verdades indubitáveis, como a existência de Deus e do corpo como máquina que aloja a substância pensante, e a existência do mundo, onde o corpo se encontra. Em consequência disso, Descartes proclamou a razão como absoluta na descoberta da verdade.

David Hume propôs como método de investigação a observação, que ocorre por meio das percepções individuais, responsáveis pela produção das impressões ou ideias até chegar ao que ele denominou *generalizações*.

Kant defendeu a tese de que se deve ensinar a filosofar e Hegel, por fim, defendeu a tese oposta, de que se devem ensinar os conteúdos da história da filosofia. O que estava em questão nesse debate era a possibilidade de ensinar a filosofia tal qual está materializada na produção da história da filosofia, a fim de que o estudante possa primeiro apropriar-se do pensamento dos filósofos para, somente depois, começar a filosofar por si mesmo; ou se somente é possível ensinar a filosofar, uma vez que, se o sujeito pensante tem autonomia de pensamento, poderá filosofar, ou seja, realizar o exercício de pensar filosoficamente, sem precisar refazer o percurso dos filósofos clássicos, conforme está registrado na história da filosofia.

Indicações culturais

Filme

> SÓCRATES. Direção: Roberto Rossellini. Espanha; Itália; França: New Yorker Films, 1971. 120 min.
>
> O filme trata do final da vida de Sócrates, com especial atenção para seu julgamento, condenação e morte, e tem como referência a obra *Apologia*, segundo a qual o próprio Sócrates assumiu a responsabilidade de se defender perante seus juízes. É possível observar o exercício da ironia e da maiêutica e, consequentemente, o modo como o filósofo exerce o ofício de ensinar filosofia.

Livro

> RANCIÈRE, J. **O mestre ignorante**: cinco lições sobre a emancipação intelectual. 2. ed. Tradução de Lílian do Vale. Belo Horizonte: Autêntica, 2005.
>
> Essa obra poderá propiciar ao leitor interessado o contato com o modo de filosofar do pensador contemporâneo Jacques Rancière.

Atividades de autoavaliação

1. Os sofistas foram mestres do ensino, pois tinham como principal preocupação ensinar a arte do "bem falar". Entre eles, dois se destacaram pela peculiaridade de seus métodos. Tratam-se de Protágoras e Górgias, que usaram respectivamente os seguintes métodos:
   a) Antilogia e persuasão.
   b) Persuasão e retórica.
   c) Dialética e persuasão.
   d) Persuasão e antilogia.

2. Assim como Platão, Sócrates acreditava que há uma verdade primordial eterna, imutável, perfeita etc. Para fazer o indivíduo lembrar o que sua alma sabia, mas esqueceu, Sócrates utilizava o método da ironia e da maiêutica. Em que consistia esse método?
   a) Em primeiramente julgar o que o interlocutor sabia, a fim de que estivesse em condições de reconhecer a própria ignorância, para, em seguida, transmitir-lhe o conhecimento verdadeiro.
   b) Em primeiramente ironizar o interlocutor fazendo-lhe perguntas e reconhecendo-se ignorante até o ponto em que o próprio interlocutor também reconhecesse nada saber, para, em seguida, por meio da maiêutica, fazê-lo parir as próprias ideias.
   c) Em primeiramente ridicularizar o interlocutor fazendo-lhe provocações de natureza moral, para, em seguida, ensinar-lhe a verdade.
   d) Em primeiramente considerar os saberes prévios do interlocutor para, em seguida, ensinar-lhe novos conhecimentos verdadeiros.

3. Em busca de um caminho seguro para chegar às certezas indubitáveis, René Descartes propôs:
   a) em primeiro lugar, a suspensão do juízo como regra básica e a dúvida metódica como exercício em relação a tudo o que ele conhecia e pensava ser verdadeiro até então.
   b) em primeiro lugar, a crença em Deus como regra básica e a certeza como exercício em relação a tudo o que ele conhecia e pensava ser verdadeiro até então.
   c) em primeiro lugar, a experiência como regra básica para chegar ao conhecimento verdadeiro.
   d) em primeiro lugar, o relativismo como regra básica e a dúvida parabólica como exercício em relação a tudo o que ele conhecia e pensava ser verdadeiro até então.

4. Como empirista, David Hume propôs como método investigativo a observação, que deveria ocorrer por meio das percepções individuais, responsáveis pela produção das impressões ou ideias, até chegar ao que ele denominou *generalizações*. Com isso, Hume afirmava que:
   a) podemos confiar plenamente na razão como critério de verdade.
   b) não podemos confirmar em nossa experiência humana.
   c) não podemos afirmar nada além do que permite nossa experiência humana.
   d) podemos confiar plenamente em nossa experiência como critério absoluto de verdade.

5. "Kant defende a tese de que se deve ensinar a filosofar e Hegel defende a tese oposta, de que se devem ensinar os conteúdos da história da filosofia" (Horn, 2003, p. 2). O aparente dilema em torno do qual essa contradição acontece está:

   a) na inseparabilidade entre o exercício de filosofar e os conteúdos da história da filosofia.
   b) entre a escola de tendência pedagógica tradicional e a escola de tendência pedagógica progressista.
   c) entre o professor que ensina e o aluno que aprende.
   d) entre um modelo educacional fundado no processo e na transmissão do conhecimento e em sua assimilação pelo sujeito, e um modelo educacional fundado na autonomia do sujeito.

Atividades de aprendizagem

Questões para reflexão

1. No início deste capítulo, dissemos que existe um desafio, dentre tantos outros, a ser enfrentado por aqueles que intencionam adentrar uma sala de aula para ensinar filosofia, tanto na educação básica quanto no ensino superior. Esse desafio está relacionado à própria compreensão do sujeito (professor) acerca da natureza do conhecimento filosófico. Qual é a sua compreensão da filosofia? O que é filosofia para você? Com qual filósofo você se identifica na forma de pensar?

2. Ensinar a filosofia ou ensinar a filosofar? Essa é a antinomia existente entre a proposição kantiana e a hegeliana. Reflita sobre ela e crie um texto dissertando sobre seu posicionamento acerca do ensino de filosofia.

Atividade aplicada: prática

Neste capítulo, você conheceu, ainda que brevemente, os diferentes modos de filosofar de pensadores como Protágoras, Górgias, Sócrates, Platão, Aristóteles, Descartes, David Hume e Immanuel Kant e Friedrich Hegel. Agora, pesquise sobre um pensador contemporâneo à sua escolha e sobre a filosofia desse pensador. Depois, faça um quadro comparativo analisando as filosofias do pensador que você escolheu e as dos que estudamos neste capítulo. Num terceiro momento, crie um plano de aula para explanar a filosofia do pensador contemporâneo que você escolheu e também o quadro que você criou.

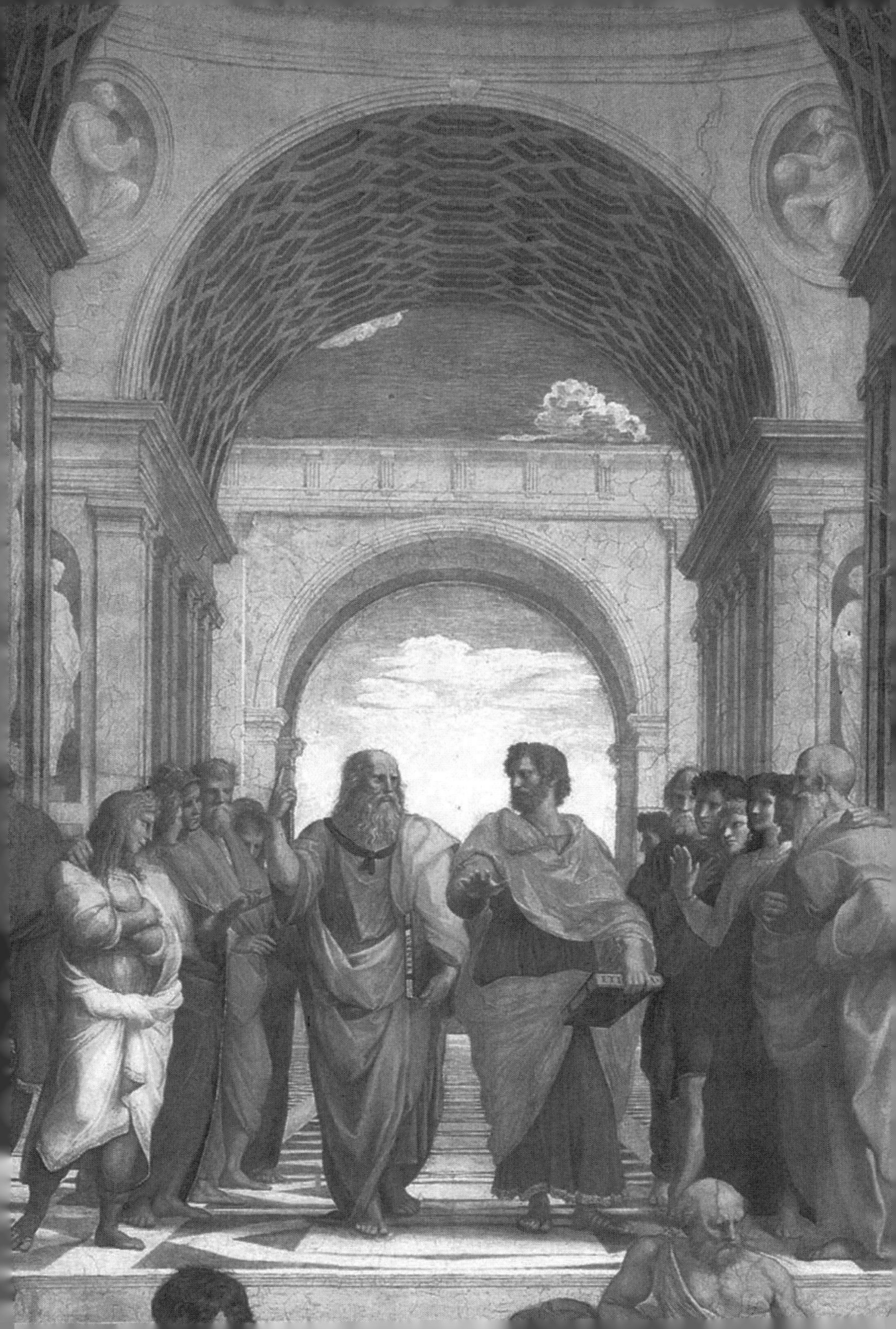

2

Lugar da filosofia no currículo do ensino médio

Neste capítulo, vamos analisar a relação entre filosofia e currículo, a fim de refletir a respeito do lugar que, na educação brasileira, a filosofia ocupa na formação dos estudantes do ensino médio. Para isso, iniciaremos com uma analogia entre as origens da filosofia na Grécia clássica e as origens da política e da educação, ou seja, o tripé que sustenta o ideal democrático grego. Vamos analisar os significados que o currículo assume no âmbito da educação com seus determinantes culturais, econômicos e sociais e ver de que modo a Filosofia, como disciplina escolar, sofre esses determinantes ao se submeter às mesmas regras das disputas curriculares. Nessa discussão sobre filosofia e currículo, deteremo-nos na análise da inserção da filosofia como disciplina curricular ao longo da história da educação brasileira. Veremos, assim, que ela sempre esteve à mercê dos interesses políticos e econômicos que ditaram as políticas educacionais no Brasil, chegando mesmo a ser suprimida ou relegada ao caráter de disciplina meramente complementar, para apenas em 2008 passar novamente a ocupar seu lugar de disciplina obrigatória no currículo do ensino médio.

Por fim, analisaremos um problema decorrente da prática docente. Trata-se da natureza da filosofia presente no currículo escolar, a qual se materializa nas práticas filosóficas no ensino médio, ou seja, procuraremos compreender qual filosofia é ensinada nas escolas.

2.1
Educação como lugar da filosofia

A *filosofia, como* tentativa de compreender o mundo de forma racional, lógica, demonstrativa, sistemática e conceitual, surgiu em lugar e tempo histórica e culturalmente determinados: a Grécia clássica (Chaui, 2003). A contribuição dos gregos foi singular na medida em que não havia, na Grécia clássica, em comparação com outras civilizações da Antiguidade, grandes instituições religiosas, manifestações artísticas ou conhecimentos especializados nas organizações políticas ou militares (Reale; Antiseri, 2005) antes do surgimento da filosofia. "Quando se diz que a filosofia é um fato grego, o que se quer dizer é que ela possui certas características, apresenta certas formas de pensar e exprimir os pensamentos [...] completamente diferentes das de outros povos e outras culturas" (Chaui, 2003, p. 26).

Do ponto de vista geográfico, a Grécia clássica se constituía num território formado por um conjunto de cidades-estados com suas crenças, organização social e política bastante peculiares. Sabendo disso, podemos questionar o motivo pelo qual a filosofia, como a entendemos, surgiu neste e não em outro lugar, bem como a importância do lugar para a constituição do pensamento filosófico. A questão que nos importa é saber se o lugar onde a filosofia surgiu teve importância para a constituição das suas características, ou seja, da natureza do conhecimento filosófico.

Há uma interpretação, hoje bastante criticada, que declara o nascimento da filosofia como um milagre grego, fruto da superioridade daquele povo em relação aos demais (Reale; Antiseri, 2005). Caso fosse confirmada essa teoria, o surgimento da racionalidade entre os gregos, sob essa interpretação, impunha uma descontinuidade radical à história, como se fosse possível uma ruptura abrupta na cultura mitológica, a qual daria lugar a uma cultura filosófica. Por isso, nos últimos cinquenta anos, a interpretação do nascimento da filosofia como fruto do milagre grego foi posta sob suspeição.

No caso dos gregos, o pensamento mitológico foi a primeira forma que aquele povo encontrou para construir respostas a problemas que ainda não estavam explicitamente formulados. Assim, podemos dizer que havia racionalidade nas explicações mitológicas (Vernant, 2001), mas que, em algum momento, essas explicações perderam sua força por conta de determinantes históricos, como o estabelecimento da vida urbana na pólis, a invenção do calendário, as expansões marítimas, a invenção da política e da moeda, do espaço público como lugar do debate, a contribuição da sabedoria recebida de outros povos, como os orientais e os egípcios, entre outros fatores. Tudo isso fez com que a linguagem dos mitos deixasse de ser inteligível, permanecendo apenas os ritos, que passaram a ser a matéria-prima da reflexão filosófica, de forma que o filósofo assumiu a função de elaborar a teoria para explicar o que o mito já não explicava. Os filósofos da *physis* passaram, então, a construir explicações racionais para substituir as explicações mitológicas, mas aquelas conviveram com as explicações antigas sem, no entanto, superá-las completamente em sua estrutura de racionalidade (Vernant, 1990, p. 354-355).

Para entender o processo que originou a filosofia, quer isso tenha ocorrido por rompimento milagroso (Reale; Antiseri, 2005), quer por apropriação da racionalidade do pensamento mitológico (Vernant, 2001), precisamos investigar e entender: Qual era o seu lugar?

O mito era, ao mesmo tempo, uma explicação do lugar e do cotidiano proveniente da experiência vivida pela comunidade, mas também de um universo pleno de sentido e significado. Permitia compreender o mundo e ajudava a comunidade a criar um conjunto de certezas, a expressar sua integração com o cosmos. O lugar do mito é o campo, a terra, a natureza. Por isso, as narrativas mitológicas tinham um cunho moralizante, de acordo com o qual os deuses não deveriam ser contrariados, e sim agradados.

Com o desenvolvimento de uma aristocracia urbana, houve uma mudança desse lugar, que passou ser a pólis, sítio da vida urbana. A filosofia surgiu nesse espaço, na pólis, na ágora. *Pólis* quer dizer cidade organizada por leis e instituições, em que há a separação entre os poderes público, privado e religioso.

A filosofia surgiu concomitantemente à ética e à educação, como forma de estabelecer o debate público na ágora, tendo em vista o atendimento à vontade do coletivo em contraposição ao interesse privado. Na pólis, a filosofia passou a ser um espaço contraditório, onde o universal e o particular estavam presentes, assim como na relação entre público e privado.

A filosofia, como pensamento conceitual, teve origem entre os gregos, como resultado de um processo histórico em cuja constituição tanto os mitos narrados por Homero e Hesíodo quanto a contribuição da sabedoria de outras culturas foram importantes. O legado grego foi, com base na cultura de um lugar particular, o modo de pensar questões e formulações que se tornaram universais. Esse modo de pensar transformou práticas de determinado grupo ou cultura em conhecimentos como a matemática, a astronomia e a medicina. Com relação à organização social e administrativa, também com base em sua experiência particular, os gregos inventaram a política, distinguindo poder público de poder privado e de poder religioso. Institucionalizaram a decisão por voto em assembleias públicas com instituições organizadas, como os tribunais e as assembleias. Além disso, desenvolveram o conceito de *justiça* como expressão da vontade dos cidadãos da pólis (Chaui, 2003).

Tomando como base as origens da filosofia, podemos dizer que as ideias e os conceitos têm uma história que depende de fatores como o tempo e o espaço, e é marcada pelas condições reais da existência humana. A filosofia não pode prescindir de sua imanência histórica e geográfica, do lugar de sua inserção, sob pena de ser considerada uma abstração alheia aos problemas humanos.

Parece-nos importante, ao falar de filosofia no ensino médio, buscar compreender de que filosofia e de que filosofar estamos tratando. De que escola e educação estamos falando? Que sujeitos estão envolvidos nesse processo? O que, de fato, se pode esperar da filosofia como disciplina?

A análise do lugar ajuda-nos a pensar as dimensões da educação em um âmbito amplo e abrangente e, ao mesmo tempo, remete-nos a um olhar sobre cada escola como um espaço particularizado, no qual se vive a experiência. Nesse sentido, cada escola é um lugar da experiência filosófica dos sujeitos.

De acordo com o geógrafo brasileiro Milton Santos (1999, p. 252), "cada lugar é, à sua maneira, o mundo". Poderíamos dizer que cada escola é, à sua maneira, a educação, e que ela não se perde na particularidade, na especificidade, pois está relacionada ao mundo. É por meio dessas relações que o lugar, como cotidiano vivido, adquire seus significados, "pois a singularidade encontra sentido na totalidade, levando o sujeito a tomar consciência de que a universalidade é o verdadeiro sentido de sua existência singular" (Santos, 1999, p. 253).

Ainda segundo Santos (1999), o lugar é o espaço no qual o particular, o universal, o histórico, o cultural e a identidade estão presentes. Assim, o lugar é fruto da relação contraditória entre o universal e o particular como especificidade histórica. Constitui-se, portanto, na relação entre os sujeitos e destes com o global e o local como especificidade histórica concreta.

O território, por sua vez, é o que nos permite compreender o lugar e suas relações com o global, pois ele é a natureza, a cultura, produto e produção histórica de sentidos e significados e, portanto, constitui a base material sobre a qual a sociedade produz a própria história. Nesse âmbito, o lugar se torna dinâmico e vivo, pois se constitui pela ação dos sujeitos e pelas condições históricas, políticas, sociais, econômicas etc. Além disso, podemos dizer que o lugar constitui-se também nas relações sociais entre indivíduos, grupos e classes por meio de laços de solidariedade, tendo na base o reconhecimento do outro e o sentido de pertença ao território. Por isso, é construído pelos sujeitos, tornando-se extensão dos próprios sujeitos, comunicando o que são e construindo identidades e diversidades.

O sentido do termo *lugar* é, portanto, diferente do de *local*, pois enquanto este último se refere a determinado ponto da superfície terrestre, o lugar é dinâmico, na medida em que a porção do espaço tem significado para os sujeitos, por meio das atividades do dia a dia, das relações sociais, de classe, de gênero etc. É a rua, a casa, a escola, a praça, o bairro. Quando alguém muda de escola ou de bairro, por exemplo, necessita refazer amizades, vínculos com outras pessoas e se adaptar ao lugar. Isso evidencia que aquela porção do espaço vivido, o lugar, teve um significado para elas. Assim, o lugar é produto de relações que se estabelecem entre os sujeitos. São eles que "dão vida" ao lugar.

Nesse sentido, compreender o lugar da filosofia na educação e na escola implica analisar sua inserção no território da chamada *globalização da economia*, onde os discursos pedagógicos estão voltados para a reforma educacional, cujo objetivo é adequar o sistema de ensino aos imperativos empresariais, de forma a tornar a escola lugar de treinamento da força de trabalho para diferentes setores e de provimento de conhecimentos e habilidades ocupacionais necessários à expansão da produção interna e do investimento externo.

Compreendemos a educação e a escola, ao contrário, como lugares de atuação política e construção social dos sujeitos que, em meio a processos muitas vezes contraditórios, produzem suas experiências e constroem caminhos de resistência.

Em confronto com a concepção de *ensino* encampada pelo projeto do capital, que compreende a escola como lugar da colonização do pensamento, Giroux e Simon (2002, p. 95) defendem a escola como "um território de luta e a pedagogia [...] uma forma de política cultural".

A escola, como instituição pertencente a um sistema de ensino gerido por políticas educacionais que, por sua vez, são vinculadas a projetos políticos e econômicos, também pode ser vista como lugar constituído pelo movimento das lutas e das relações dos sujeitos no cotidiano escolar: dos estudantes, dos professores, das salas de aula, das brincadeiras, das relações ali estabelecidas, das relações étnico-raciais, de classe e de poder, do currículo, dos sujeitos etc.

A compreensão da escola como lugar da experiência dos sujeitos nos leva à seguinte pergunta: "Qual o papel da filosofia como disciplina escolar nesse processo?" Tal indagação, por sua vez, leva-nos a outro questionamento: "De que filosofia estamos falando?" Isso porque, como discutimos no Capítulo 1, não devemos falar em *filosofia*, mas em ***filosofias***.

Com tais interrogações em mente, podemos compreender o ensino de filosofia no contexto da educação se entendermos o movimento que produz a dinamicidade do lugar no território do ensino médio como etapa final da educação básica.

2.2
Currículo e lugar da filosofia

A palavra currículo vem do latim *currus*, que significa *carro*, ou seja, um veículo que carrega valores, intencionalidades, cultura, tradição e conhecimento. Carro que traz ou leva consigo pessoas, escolas, sociedades e que pode transformar-se constantemente, passando a transportar outros conteúdos num tempo e num espaço diferente (Goodson, 2001; Sacristán, 2000).

Além das definições técnicas e estáticas da palavra, propomos analisar como o currículo é produzido e qual a dinâmica que possibilita escolhas de disciplinas e conteúdos de ensino e a exclusão de outras possibilidades.

Para Goodson (2001), quando tomado como documento de prescrição técnica, o currículo assume um caráter de entidade abstrata, que se torna independente dos sujeitos, a-histórico. Mas, se o enfoque for dado aos grupos e às estruturas que operam e formulam o currículo, ele pode ser compreendido como dinâmico, pois é resultado de um processo de construção social que acontece em meio a conflitos, na medida em que o lugar de sua construção é político. Por isso, ele se constitui no "campo de toda sorte de estratagemas, interesses e relações de dominação" (Goodson, 2001, p. 17).

Assim, pensar o lugar da filosofia no currículo do ensino médio significa investigar as relações que se estabelecem nesse território, sob que conflitos ele se constitui e ao mesmo tempo se mantém. Nesse campo, situa-se a nossa pesquisa, pois ela entende as condições em que se encontra o ensino de filosofia no ensino médio.

Elaborar um currículo significa optar, recortar, fazer escolhas não definitivas, mas que, espera-se, sejam as mais acertadas para determinado momento, sob determinadas condições e necessidades. Portanto, construir um currículo significa determinar a presença das disciplinas e dos conteúdos a serem ensinados; ao fazê-lo, determinam-se também as ausências que podem ser – e são – motivo de discussão, dissenso e disputas.

O currículo é um território demarcado por relações sociais e de poder que determinam as escolhas das disciplinas e dos conteúdos escolares a serem ensinados e avaliados por profissionais que têm certo domínio sobre esse território. Pode-se dizer que há uma geopolítica do currículo que nos permite compreender as disputas que estão em foco no território em questão, as relações de força e poder, a luta pelos espaços de atuação no âmbito acadêmico, corporativo, econômico, político e social. Mas, se o currículo é construído em meio a embates entre os grupos que habitam determinado lugar, seja ele o sistema de ensino como um todo, seja a escola, como explicar a existência de documentos curriculares oficiais prescritivos?

Para Sacristán (2000, p. 17), o currículo é expressão do equilíbrio de interesses e forças que gravitam sobre o sistema educativo num dado momento, enquanto que, por meio dele, se realizam os fins da educação no ensino escolarizado. Toda construção curricular parte de um projeto de formação, ou político, ou econômico, ou de sociedade.

No âmbito das políticas curriculares oficiais parece não haver esse equilíbrio, na medida em que os documentos que prescrevem o currículo expressam concepções hegemônicas a respeito dele, forjadas no seio dos projetos político-econômicos da classe dominante. Quase sempre os projetos curriculares oficiais vêm marcados pelos interesses do projeto hegemônico de um grupo social, imposto a toda a sociedade. Isso é bastante evidente, por exemplo, nos projetos curriculares de ensino técnico profissional, destinados a qualificar a mão de obra para o mercado de trabalho.

Os currículos prescritos oficiais são produzidos no âmbito do Estado. Para Apple (1989), o Estado é, ele mesmo, um lugar de conflito entre classes e frações de classes, e também entre grupos raciais e de gêneros. Sendo o Estado o lugar do conflito, ele deve forçar todos a pensar de forma igual ou criar consenso entre os grupos, ou entre boa parte deles, e esse consenso parece ser o melhor caminho a seguir a fim de garantir sua legitimidade, integrando os interesses dos grupos aliados e até mesmo dos opositores.

Havendo consenso ou não, o currículo prescrito, em alguns casos, é irrelevante para a prática dos professores, pois existirá sempre uma dicotomia entre o currículo adotado por escrito e o currículo ativo, tal como é vivenciado e posto em prática. Essa dicotomia acontece a partir do momento em que um grupo ou grupos dominantes dentro do Estado impõem sua prescrição curricular. Há, por outro lado, casos extremos de resistência à prescrição curricular, em que se chega a argumentar que a escolarização promovida pelo Estado tem como único objetivo a reprodução da estrutura econômica e social (Goodson, 2001).

No entanto, se tomarmos o currículo como construção social dos sujeitos no cotidiano escolar, é possível que a força do currículo oficial prescritivo seja relativizada. Podemos pensar, por exemplo, na capacidade dos professores em subverter as prescrições oficiais do currículo, preconizadas pelos ideários da elite dominante, e em assumir outros currículos, oriundos de outros projetos de sociedade. Por isso, o currículo não é algo estático, e sim uma construção social, pois a luta para defini-lo envolve prioridades sociopolíticas e discursos de ordem intelectual (Goodson, 2001). Ao tratar do currículo, portanto, não podemos desvinculá-lo do contexto histórico de sua construção, uma vez que, como conjunto de disciplinas e conteúdos escolares a serem transmitidos, ele sempre esteve vinculado ao projeto de determinado grupo social e ao que este entende como sendo válido culturalmente.

Nesse sentido, o currículo prescrito como recorte cultural por determinado grupo social traz intencionalidades explícitas e implícitas de atingir determinados fins culturais, educacionais, mercadológicos etc. As questões a serem levantadas aqui são: Como se estabelecem as relações entre o projeto educacional e o projeto político-econômico? E qual o papel da cultura na construção desse projeto?

> O currículo é sempre um recorte dentro da cultura, uma reelaboração de alguns conteúdos culturais destinados a serem transmitidos às novas gerações. Como recorte, a cultura não tem sentido e significado uniforme e imutável, mas apresenta uma diversidade de aparências e formas, de acordo com o momento histórico e a localização geográfica, varia de uma sociedade para outra, de um grupo para outro dentro da mesma sociedade, está submetida a relações de forças simbólicas e a conflitos de interpretação, é imperfeita, lacunar, ambígua, inconsistente, irregular, vulnerável nos modos de transmissão e perpetuação. Desse modo, não é possível dizer que a educação transmite a cultura. Ela transmite aspectos da cultura, não necessariamente homogêneos, mas com conexão lógica e histórica.

Se parece simples dizer que a escola seleciona, organiza e transmite uma porção da cultura, não parece fácil definir o que é *cultura*. Para Williams (1992), *cultura* é toda e qualquer prática significativa e contempla três dimensões que se agregam: cultura como modo de vida global, como sistema de significações e como atividades artísticas e intelectuais. A cultura produz a realidade e, na condição de força produtiva, ela constitui o mundo por meio da linguagem, dos artefatos tecnológicos, dos sistemas eletrônicos e mecânicos de comunicação etc. O produto cultural é sempre fruto de relações sociais que alteram aqueles que a produzem. Sua compreensão demanda a descrição dessas relações, de seus esquemas, instituições, mecanismos e forças produzidas no processo prático de sua elaboração. A cultura não é privilégio de determinado grupo social, é produto de pessoas em sua integralidade, está em todo lugar, em todo tempo e em constante processo de produção. É ordinária, conduz a vida de todas as pessoas (Araújo, 2004).

Se a cultura é toda prática significativa e a educação é um recorte dessa prática, podemos entender que esse recorte é feito tendo em vista o projeto educacional almejado ou o que se pretende ao educar alguém. É por esse motivo que, para Sacristán (2000), o currículo é um recorte cultural que quer tornar-se, na cultura-conteúdo, o projeto educativo para um nível escolar e para uma escola concreta: "propomos definir o currículo como o projeto seletivo de cultura, cultural, social, política e administrativamente condicionado, que preenche a atividade escolar e que se torna realidade dentro das condições da escola tal como se acha configurada" (Sacristán, 2000, p. 34).

Todo currículo é fruto de um projeto político-cultural, forjado por interesses sociais, políticos, econômicos, administrativos e, por que não dizer, ideológicos, de um grupo que se impõe com base em sua visão de sociedade e educação.

2.3
Lugar da filosofia nas políticas curriculares

A filosofia sempre enfrentou grandes dificuldades para legitimar-se como disciplina escolar na educação básica brasileira. Constata-se, ao longo da história da educação no Brasil, a fragilidade da legislação educacional, tornando inviável sua inserção no currículo pela inexistência de políticas educacionais que possibilitassem plenas condições de ensino da filosofia (Alves, 2002).

O governo da ditadura militar no Brasil, que durou de 1964 a 1984, alegando que a filosofia servia apenas à doutrinação política, suprimiu sua obrigatoriedade na educação brasileira, por considerá-la perigosa para a manutenção da ordem política e social do país, o que demonstra que não foi qualquer filosofia a que motivou a exclusão da disciplina do currículo, mas uma filosofia bastante específica. Em seu lugar, foi implantada a disciplina de Educação Moral e Cívica*, como forma de catequizar o estudante brasileiro, tendo em vista a Doutrina de Segurança Nacional.

No final do período de repressão e com o início da abertura política, a Lei n. 5.692, de 11 de agosto de 1971 (Brasil, 1971), recebeu uma emenda, por meio da Lei n. 7.044, de 18 de outubro de 1982 (Brasil, 1982). A partir de então, a Filosofia poderia fazer parte do currículo, mas era concebida em todos os cursos de segundo grau como disciplina complementar, ou seja, era-lhe atribuído caráter optativo. Além disso, a lei não veio acompanhada de uma política educacional que possibilitasse a criação de um espaço próprio para o ensino de filosofia no nível médio. Não lhe foram dadas condições materiais de existência, por exemplo: estabelecer a necessidade de concurso público para contratação de professores e a necessidade de um currículo comum para o sistema de ensino e oferta de materiais didáticos adequados. Ao contrário, ela sequer recebe estatuto de *disciplina*, pois passa a figurar como complementar às outras disciplinas do currículo, em geral com uma base tecnicista

---

*   "Art. 7º: Será obrigatória a inclusão de Educação Moral e Cívica, Educação Física, Educação Artística e Programas de Saúde nos currículos plenos dos estabelecimentos de 1º e 2º graus, observado quanto à primeira o disposto no Decreto-Lei 869, de 12 de dezembro de 1969" (Brasil, 1971).

muito forte. Isso abre um frágil espaço para o ensino de filosofia, com ações de inclusão bastante isoladas, atendendo a interesses nem sempre muito claros ou compatíveis com o que se poderia esperar dessa ciência.

Em alguns casos, a maneira como é incluída e o que é feito com a filosofia em sala de aula serve para reforçar os argumentos daqueles que são contrários ao seu ensino na educação básica, afirmando que essa disciplina, na escola, será apenas um espaço de atuação para padres e pastores conservadores exercerem doutrinação. Em resumo, a presença disciplinar da filosofia no ensino médio fica, na prática, a critério de cada estado da Federação (Fávero et al., 2004).

Em 1997, logo após a aprovação da Lei de Diretrizes e Bases da Educação Nacional (LDBEN) – Lei n. 9.394, de 20 de dezembro de 1996 (Brasil, 1996) –, algumas escolas de ensino médio introduziram a filosofia na sua matriz curricular, acreditando ser ela uma obrigatoriedade. Mais tarde, grande parte dessas escolas retiraram tanto a filosofia quanto a sociologia do currículo, uma vez que ambas as disciplinas foram consideradas, pela Resolução CNE/CEB n. 3, de 26 de junho de 1998 (Brasil, 1998b), conhecimento transversal ao currículo.

As demais disciplinas, com uma histórica tradição curricular no ensino médio, foram mantidas como componentes curriculares. Mas a filosofia, em busca de sua legitimidade, precisou justificar sua importância para a formação dos estudantes desse nível de ensino.

Geralmente, os argumentos utilizados para defender a presença da filosofia nas escolas estão condicionados à compreensão que se tem da tarefa dessa disciplina no currículo do ensino médio. Na argumentação geralmente utilizada para justificar sua presença no currículo – formação humana, formação crítica, formação para cidadania – quase sempre se atribui a ela uma tarefa por demais ampla, até mesmo para um curso de graduação em Filosofia.

Alguns desses argumentos foram produzidos no período de luta pelo retorno da filosofia ao currículo do ensino médio e atribuem a ela a responsabilidade pela transformação social. Outros, produzidos no bojo da reforma neoliberal do sistema de ensino, dão a essa disciplina o *status* de conhecimento interdisciplinar, voltado principalmente para o estudo da ética, com a finalidade de adequar os sujeitos a conviverem em uma sociedade pautada pelos valores do mercado.

Uma argumentação sólida a ser utilizada para defender a filosofia como disciplina do currículo do ensino médio, no entanto, depende fundamentalmente de duas questões: a primeira está relacionada à compreensão que se tem do ensino médio como etapa final da educação básica, organizado por políticas públicas destinadas a esse nível de ensino e pela compreensão dos seus sujeitos – professores e estudantes. A segunda questão está relacionada à compreensão que se tem da natureza do conhecimento filosófico, dos objetivos, conteúdos e métodos de ensino dessa ciência.

Desde 1980, muitos dos questionamentos originários das salas de aula nas quais se ensina filosofia vêm se constituindo como um corpo – que alguns chamam de *filosofia do ensino de filosofia* – profundamente relacionado à prática pedagógica e às tentativas de dar respostas a esses questionamentos. Nos últimos anos, professores e pesquisadores têm manifestado a preocupação de pensar filosoficamente a didática do ensino dessa disciplina em seus vários níveis.

Entre os que têm tratado o tema, podemos observar duas tendências: os que acreditam que a filosofia é importante para a formação dos educandos já na educação básica, e aqueles que a concebem como um conhecimento muito específico, destinado apenas aos que estão na academia e se dedicam à pesquisa.

A luta empreendida a partir dos anos 1980, pelo retorno da filosofia ao ensino médio, expressada especialmente no pensamento pedagógico de Saviani (1984), produziu a justificativa de que essa disciplina se caracteriza por uma reflexão crítica, rigorosa e de conjunto, a qual atua tanto como demarcação da própria especificidade quanto como importante contribuição para a formação humana.

Silva (1992), ao tratar o problema das relações entre currículo e formação, pergunta: Qual seria o papel da filosofia num currículo que, notadamente, fragmenta o conhecimento e carece de sentido para os estudantes? "A filosofia aparece como [...] lugar e instrumento de articulação. [...] realiza o trabalho de articulação cultural. Pensar e repensar a cultura não se confunde com compatibilização de métodos e sistematização de resultados; é uma atividade autônoma e crítica" (Silva, 1992).

Para Favaretto (1995), o questionamento a respeito do ensino de filosofia é anterior ao currículo de filosofia. Trata-se, segundo ele, da dificuldade com a qual o professor dessa disciplina se depara ao ensinar. Mas de qual filosofia se trata? Em que consiste a especificidade do trabalho filósofo? O que garante a especificidade do ensino de filosofia? Quais os conteúdos e métodos mínimos necessários para realizar essa suposta especificidade em termos de ensino? Ainda segundo Favaretto (1995), antes de definir-se pelo que deve ser ensinado e pelas metodologias adequadas, o professor define para si mesmo o lugar de onde pensa e fala.

Esses questionamentos nos indicam, na verdade, o momento histórico de indefinição pelo qual passava o ensino de filosofia, com a falta de clareza sobre o que ensinar, como ensinar, para que ensinar e sobre o papel do professor de filosofia nesse processo de ensino. A preocupação era garantir um mínimo do específico filosófico, sem cair numa atividade cansativa, retórica e enfadonha aos jovens estudantes. "Aí está uma posição muito fecunda quanto ao 'específico' do trabalho filosófico [...]

desenvolvimento do pensamento crítico através da vinculação entre problemas vivenciais e problemas filosóficos" (Favaretto, 1995, p. 80).

O ensino médio, afinal de contas, é concebido pelos Parâmetros Curriculares Nacionais (PCN) para o ensino médio como a "etapa final de uma educação de caráter geral, afinada com a contemporaneidade, com a construção de competências básicas, que situem o educando como sujeito produtor de conhecimento e participante do mundo do trabalho, e com o desenvolvimento da pessoa" (Brasil, 2000, p. 10).

Em 2002, o MEC publicou as Orientações Educacionais Complementares aos PCN*, no qual, ao tratar da natureza desse nível de ensino, destaca que o novo ensino médio passa a "assumir necessariamente a responsabilidade de completar a Educação Básica. Em qualquer de suas modalidades isso significa preparar para a vida, qualificar para a cidadania e capacitar para o aprendizado permanente" (Brasil, 2002, p. 8-9). Qual o significado dado pelo documento ao preparar para a vida? Qual a consequência dessa concepção na compreensão do sujeito do ensino médio que se pretende formar? Quais as consequências dessa compreensão para o processo de ensino e aprendizagem da filosofia nessa etapa da aprendizagem?

Em linhas gerais, o documento defende que a finalidade da escola é a formação da pessoa humana por meio do seu aprimoramento pessoal e profissional. Para isso, é preciso que ela adquira valores e competências necessárias para integrar o projeto individual com o projeto de sociedade na qual está inserida. A escola deve possibilitar a formação ética voltada ao desenvolvimento da autonomia intelectual e do pensamento crítico, a formação profissional básica para a inserção

---

*   O documento foi publicado com o título *PCN + Ensino Médio: orientações educacionais complementares aos Parâmetros Curriculares Nacionais – Ciências Humanas e suas Tecnologias* (Brasil, 2002).

do indivíduo no mundo do trabalho e a construção de competências que lhe permitam adaptar-se às mudanças que caracterizam a produção na sociedade capitalista, além das faculdades necessárias para continuar aprendendo, de forma autônoma e crítica, em níveis mais complexos de estudos (Brasil, 2000, p. 9).

Com a finalidade de ser um "conhecimento útil" à formação para a cidadania, o perfil traçado para o sujeito do ensino médio na legislação federal é o de que se possa, por meio do ensino transversal da ética, "capacitar" os estudantes a exercer a cidadania, inserindo-se no mercado de trabalho e de consumo de forma crítica e criativa, bem como atuando na sociedade por meio de práticas sociais e políticas de forma solidária e responsável, como um sujeito capaz de adaptar-se aos desafios da sociedade contemporânea.

Nesse contexto de ensino, a filosofia corre o risco de perder seu papel crítico e combativo, capaz de produzir nos sujeitos a capacidade de resistência e a contestação aos determinismos históricos, culturais, econômicos, doutrinários, sociais etc., e passar a funcionar como "adestradora e domesticadora das mentes dos educandos" (Horn, 2009, p. 33), tendo em vista adaptar-se a determinado projeto de sociedade.

De acordo com os documentos citados anteriormente, a inserção da filosofia no currículo do ensino médio se dá no contexto da lógica de uma sociedade de produção capitalista, cujo objetivo é "a formação de indivíduos empreendedores e flexíveis capazes de adaptar-se às mudanças do mundo do trabalho, organizado e dirigido pelo mercado" (Horn, 2009, p. 33).

Como percebemos, o objetivo era formar um sujeito que se adaptasse a um projeto de sociedade cuja finalidade é a produção em constante processo de mudança. Supondo que esse papel pudesse ser assumido pela filosofia – e acreditamos que não possa –, os documentos idealizam um sujeito adaptável e flexível ao término do seu processo de formação no curso do ensino médio.

Como, então, lidar com o sujeito real, que não é o idealizado pelos documentos curriculares? O sujeito que ingressa no ensino médio ou o conclui dificilmente atende a esses pré-requisitos: autonomia intelectual, pensamento crítico, capacidade de adaptação às mudanças decorrentes do mundo real, capacidade de adequar seu projeto pessoal a um projeto de sociedade, capacidade para continuar aprendendo autonomamente nos níveis mais complexos de continuidade de estudos. Como entendermos, então, o papel da filosofia na formação desse sujeito?

Em 2006*, o Ministério da Educação do Brasil publicou um novo documento curricular denominado *Orientações Curriculares Nacionais para o Ensino Médio*, incluindo também a parte referente à disciplina de Filosofia. As novas Orientações Curriculares Nacionais mantiveram o que estava preconizado no Parecer n. 15, de 1º de junho de 1998 (Brasil, 1998a), da Câmara de Educação Básica (CEB) e do Conselho Nacional de Educação (CNE), e na Resolução CEB/CNE n. 3/1998 (Brasil, 1998b). Seguindo a mesma lógica curricular proposta pelos PCN e pelas Orientações Curriculares Nacionais dessa disciplina – que propõem que o ensino de filosofia visa à formação dos sujeitos a fim de que desenvolvam competências filosóficas específicas, como compreensão dos temas, problemas e sistemas filosóficos por meio do estudo dos textos clássicos de filosofia, do diálogo com as ciências e as artes de forma contextualizada com a realidade –, o documento desfoca o ensino de filosofia do conteúdo quase exclusivo da ética, como estava previsto nos documentos publicados anteriormente; e faz isso ao propor

---

* Foram realizados seminários nas cinco regiões do Brasil e um seminário nacional reunindo professores do ensino médio e das instituições de ensino superior, a fim de discutir os Parâmetros Curriculares Nacionais do Ensino Médio.

uma listagem de conteúdos específicos, pinçados da tradição filosófica, porém não faz indicações metodológicas de como desenvolvê-los.

Quanto aos sujeitos do ensino médio, o documento apresenta em sua introdução a preocupação com o risco da banalização da filosofia. Essa preocupação é manifestada em relação aos sujeitos do ensino (docente) e da aprendizagem filosófica (estudante), quando o documento apresenta as "características intrínsecas da filosofia e seu ensino: um saber especializado, repleto de especificidades, e que exige muito cuidado e zelo no seu ensino" (Horn, 2009, p. 37). É latente a preocupação segundo a qual aqueles que irão lidar com esse conhecimento nesse nível de ensino não estão preparados para tal experiência.

Ao analisar as Orientações Curriculares Nacionais de Filosofia, podemos apontar ainda uma confusão presente no documento sobre a compreensão de quem são os sujeitos do ensino médio e os da graduação em Filosofia. Essa confusão ocorre porque o documento faz uma aproximação entre a forma como a filosofia é ensinada no ensino médio e à maneira como é aplicada no ensino superior, ao descrever as competências estabelecidas pela Portaria Inep n. 171, de 24 de agosto de 2005 (Brasil, 2005), que instituía o Exame Nacional de Desempenho dos Estudantes (Enade) de Filosofia, justificando-as ao afirmar ser grande a harmonia, ao menos nominal, entre os dois níveis de ensino, que se complementam e se solicitam. O documento idealiza os sujeitos da aprendizagem da filosofia, o que acaba por descaracterizar o ensino médio como etapa final da educação básica e as especificidades dos seus sujeitos.

Em 2008, após intenso movimento nacional de intelectuais e professores de Filosofia do ensino médio e do ensino superior, foi aprovada a Lei n. 11.684, de 2 de junho de 2008 (Brasil, 2008), que alterou o art. 36 da LDB, tornando a Filosofia e a Sociologia disciplinas obrigatórias em todas as séries do ensino médio.

Fato contínuo, em 2010, o CNE aprovou a Resolução CNE/CEB n. 4, de 13 de julho de 2010 (Brasil, 2010), que definiu as novas Diretrizes Curriculares Nacionais Gerais para a Educação Básica. Nesse documento, é possível constatar outra forma de compreender o sujeito da aprendizagem, pois no art. 6º ele afirma a necessidade de considerar, na educação básica, "as dimensões do educar e do cuidar, em sua inseparabilidade, buscando recuperar, para a função social desse nível de ensino, a sua centralidade, que é o educando, pessoa em formação na sua essência humana" (Brasil, 2010). No art. 26, o mesmo documento, ao tratar dos princípios e das finalidades do ensino médio como etapa final da educação básica, estabelece, no inciso III: "o desenvolvimento do educando como pessoa humana, incluindo a formação ética e estética, o desenvolvimento da autonomia intelectual e do pensamento crítico" (Brasil, 2010). Nesse sentido, o documento apresenta uma inovação importante em relação à Resolução CNE/CEB n. 3/1998, que estabelecia o desenvolvimento ético e o espírito crítico como sendo competências a serem desenvolvidas no educando. O documento de 2010, por sua vez, toma-os como princípios e finalidades da educação básica, ou seja, estabelece que eles não são competência a ser atingida pelo educando, mas princípio e finalidade do processo educacional.

O documento ainda acrescenta, em seu art. 44, quando trata da organização do projeto político-pedagógico, a importância de se respeitar "os sujeitos das aprendizagens, entendidos como cidadãos com direitos à proteção e à participação social" (Brasil, 2010). No inciso I do mesmo artigo, o documento aponta para a necessidade de que a escola faça "o diagnóstico da realidade concreta dos sujeitos do processo educativo, contextualizados no espaço e no tempo" (Brasil, 2010). Complementa essa prescrição, no inciso III, afirmando que a escola, no seu processo de ensino e aprendizagem, deve contemplar o "perfil real dos sujeitos – crianças, jovens e adultos – que justificam e instituem a vida na escola, do ponto de vista intelectual, cultural, emocional, afetivo, socioeconômico, como base da reflexão sobre as relações vida-conhecimento-cultura-professor-estudante e instituição escolar" (Brasil, 2010).

Em 2012, o CNE aprovou as novas Diretrizes Curriculares Nacionais para o Ensino Médio. Trata-se da Resolução CNE/CEB n. 2, de 30 de janeiro de 2012 (Brasil, 2012). No que tange os objetivos do ensino médio, o documento não traz inovações em relação à legislação anterior. Quanto aos sujeitos da aprendizagem, a nova resolução compreende, em seu art. 15, parágrafo 2º, que: "O projeto político-pedagógico, na sua concepção e implementação, deve considerar os estudantes e os professores como sujeitos históricos e de direitos, participantes ativos e protagonistas na sua diversidade e singularidade" (Brasil, 2012, p. 8). Desse modo, a nova legislação educacional põe no centro do processo de aprendizagem o educando como sujeito histórico localizado socialmente, sendo ele o ponto de partida para a estruturação e a organização de qualquer projeto político-pedagógico e não como um sujeito idealizado, que se espera formar após o processo educacional de escolarização, como sempre ocorreu nos projetos educacionais ao longo da história da educação no Brasil.

Acreditamos que o grande desafio presente na legislação educacional brasileira pode ser ainda o indicativo de que, "na prática pedagógica brasileira, a filosofia ainda não superou a condição de um humanismo formalista, retórico, fundado no gramaticismo e na erudição livresca" (Horn, 2009, p. 31). Isso poderá de fato ser repetido, como já ocorreu em nossa história recente, sendo assim causa e motivo para nova retirada da filosofia do currículo do ensino médio, se a lei que obriga a inclusão dessa disciplina no currículo não for efetivamente acompanhada de políticas públicas que viabilizem as condições de ensino e aprendizagem adequadas aos sujeitos do ensino médio.

2.4
Lugar da filosofia no currículo do ensino médio

Para Sacristán (2000), o academicismo tem pautado as práticas curriculares como forma de defender seus valores culturais baseados no saber erudito. "Ainda se pode observar, na realidade das práticas escolares, a força do academicismo, principalmente no nível do ensino secundário" (Sacristán, 2000, p. 39).

A análise dos conteúdos e das disciplinas exigidos nas provas vestibulares para ingresso nos cursos superiores de todo o país, em diferentes períodos históricos, confirma a tese de que o currículo do ensino médio é organizado para atender às exigências dos conteúdos das provas dos vestibulares, tornando-se a reprodução do currículo exigido para o ingresso no curso superior. Desse modo, a educação de nível médio nada mais é do que o reprodutivismo cultural do que se espera de uma elite que terá acesso ao curso superior. Nisso se justifica o ensino livresco e enciclopédico dirigido aos estudantes do ensino médio. Um padrão cultural elitista, imposto aos trabalhadores, mesmo àqueles que não têm como objetivo o acesso ao curso superior, por ausência de desejo ou por condições materiais. Se essa é a dinâmica curricular do ensino médio, em que os conhecimentos e as disciplinas legitimadas e validadas socialmente têm seus nomes inscritos no rol de conteúdos cobrados no vestibular, é possível compreender por que a filosofia encontra tanta dificuldade para legitimar-se no currículo do ensino médio. Sob essa lógica curricular, o valor de um conhecimento não está em sua validade para a formação e a emancipação humana. Um conhecimento válido e legítimo é aquele validado e legitimado por sua utilidade acadêmica, ou seja, reduz-se a conteúdo que permite ou impossibilita o acesso de uma pessoa à universidade.

Assim, sob essa lógica, para que a filosofia se torne de fato uma disciplina escolar, será necessário que esteja inscrita entre os conhecimentos válidos exigidos na prova do vestibular.

Para Forquin (1993, p. 16), além da seleção dos conteúdos, deve-se ter em mente que estes precisam ser efetivamente transmissíveis e, assim, assimiláveis pelos jovens. Isso exige a organização e a reestruturação do conteúdo, o que ele chama de *transposição didática*. Além de considerar que a academia pauta a escolha dos conteúdos do currículo do ensino médio, especificamente o currículo do ensino de filosofia, é preciso ter em conta que ela busca pautar também a transposição didática, ou seja, o *como* ensinar filosofia. Em geral, a transposição, orientada pelo academicismo, prega o trabalho puramente com o texto filosófico, alegando o perigo de empobrecer o conteúdo da filosofia ao utilizar outro material didático, que não seja exclusivamente o texto clássico.

A transposição didática desenvolvida nas graduações tem influência direta na formação dos professores de filosofia, pois estes acabam incorporando essas práticas no que Goodson (2001) chama de *currículo pré-ativo*, que são os currículos presentes nas práticas dos professores, além dos currículos prescritos.

O conjunto de saberes, de conteúdos cognitivos e simbólicos, uma vez selecionados, organizados e normalizados, sob o efeito dos imperativos da didatização, constituem habitualmente o objeto de transmissão deliberada no contexto das escolas (Goodson, 2001).

A escolha dos conteúdos e sua transposição didática remetem, mais uma vez, à geopolítica do currículo. A aprovação da inclusão da filosofia no currículo do ensino médio interferiu diretamente nessa geopolítica. Isso levou os sistemas de ensino, as escolas, as universidades, os professores de todas as disciplinas, e principalmente os professores de filosofia, a uma disputa bastante conflituosa. Ao tornar-se disciplina escolar, como qualquer outra disciplina, a Filosofia organiza um conjunto de conhecimentos a serem ensinados aos estudantes. E mais, os conteúdos precisam ser pensados sob o ponto de vista da transposição didática. A questão curricular da filosofia está posta com suas questões básicas: O que ensinar? Como ensinar? Para que ensinar?, mas outras questões se impõem: Quem fará as escolhas curriculares? Especialistas no ensino, acadêmicos, técnicos contratados para esse fim ou aqueles que cotidianamente têm como objeto de trabalho o ensino da filosofia no ensino médio? Dentre estes, somente os formados em Filosofia ou todos os que ministram aulas de Filosofia?

A questão fundamental está no significado atribuído aos conteúdos selecionados. Nem sempre os significados dados aos conteúdos se encaixam com a disciplina em que tradicionalmente se organiza o currículo ou com a formação ou especialidade dos professores (Sacristán, 2000). Esse é mais um aspecto do conflito, que se dá no âmbito do conteúdo a ser ensinado e no domínio que os professores têm desse conhecimento.

Um conflito muito comum no cotidiano do ensino de filosofia pode ser evidenciado no problema da definição de a quem cabe ministrar as aulas de filosofia. Tal conflito é aparentemente corporativista. O problema está no domínio desse conhecimento pelo corpo docente, no sentido e significado dado ao conhecimento filosófico, ao conteúdo e ao método de ensino, seja pelo professor formado em Filosofia, seja por sociólogos, pedagogos, historiadores etc.

Podemos evidenciar outro conflito no âmbito da reorganização da matriz curricular e, portanto, na disputa com as demais disciplinas por espaços nesse território. Os sistemas de ensino já têm previamente estabelecido o número de aulas a serem ministradas semanalmente. Esse número já estava loteado entre os professores das diversas disciplinas tradicionalmente presentes na matriz curricular. A inclusão de uma nova disciplina, em uma grade horária já fixada previamente, implica que algumas disciplinas terão seu número de aulas reduzido para que a nova disciplina possa assumir seu lugar. Está estabelecido um conflito, de ordem institucional e corporativista, em que professores das diversas disciplinas lutam para manter o maior número de aulas possível.

O interesse parece não ser, em primeiro lugar, a manutenção do número de aulas por conta da qualidade de ensino dos conteúdos a serem ensinados. O conflito está em ter de diminuir o número de aulas por turma, o que significa aumentar o número de turmas para fechar a carga horária que, previamente, deverá ser cumprida pelo professor, dependendo de seu contrato de trabalho. Nesse embate, a filosofia, por não estar amparada numa legislação que estipule a obrigatoriedade do número de aulas a serem ministradas em cada série e o número de séries nas quais será ofertada, acaba sendo incluída em apenas uma série e, quando muito, em duas, cabendo ao professor da disciplina também lutar pela manutenção e ou ampliação do território da filosofia na matriz curricular.

Outro problema que discutimos é a idealização que alguns pesquisadores e professores fazem da filosofia no currículo escolar, atribuindo-lhe uma responsabilidade que pode ter duas características. Alguns, fundamentando-se nas teorias críticas, atribuem à filosofia um caráter revolucionário, libertador, transformador da educação e da escola. Na ocorrência desse saber, todavia, o estudante estará apto à transformação da sociedade, pois a ação educativa "permitiu antecipar os resultados da ação" (Lima, 2005, p. 36). Mesmo que essas produções sejam datadas, ainda é possível observarmos que essa defesa está presente nas justificativa de muitas escolas e professores de ensino médio e em universidades.

Outro grupo, menos crítico e mais pragmático, atribui à filosofia um caráter moralizador, com o objetivo de formar para a cidadania por meio do discurso da ética, tomada aqui como uma prática doutrinadora, por meio da qual o professor de Filosofia procurará disciplinar os estudantes para que tenham comportamentos socialmente aceitos.

Horn (2002a), ao tratar da compreensão que muitos educadores têm da filosofia, alerta para o fato de que a filosofia sempre foi vista como algo alvissareiro. Há que se cuidar com o que se espera dela, uma vez que é concebida como a base do humanismo da educação ocidental e espera-se que ela forme o ser humano e garanta a ordem moral.

O ensino médio, como projeto político-pedagógico, é implementado por um currículo, ou seja, um recorte dos conteúdos, operacionalizado pela transposição didática realizada pelo docente, tendo em vista a finalidade do projeto curricular. As decisões a respeito do *que* ensinar, do *como* ensinar e do *para que* ensinar envolve, em última instância, as opções do docente que as realiza de acordo com suas intencionalidades e que envolvem muitos fatores, como sua formação e experiência profissional.

Desse modo, a inserção da filosofia no currículo do ensino médio é resultado não apenas de políticas educacionais que são decididas fora e longe da escola, mas também da efetiva intencionalidade do docente, que, ao planejar e organizar o processo de ensino e aprendizagem, faz suas escolhas. Estas não são a-históricas, transcendentes ou realizadas de forma neutra, mas resultam de opções realizadas no tempo e no espaço, em um lugar definido, legal e pedagógico. De acordo com a formação do professor, sua compreensão da natureza da filosofia e seu ensino, suas leituras e sua especialização, a disciplina será ensinada de uma maneira ou de outra, para atender a uma finalidade ou outra. É nesse processo que o ensino de filosofia no nível médio ganhará ou não legitimidade, que está além das prescrições curriculares e dependerá sempre de como o professor de filosofia compreende a natureza do conhecimento filosófico e seu ensino.

Nesse sentido, devemos considerar a existência ao menos de quatro diferentes compreensões e práticas de ensino de filosofia, que categorizamos como:

1. concepção enciclopédica de ensino de filosofia;
2. concepção do ensino de filosofia como reflexão crítica;
3. concepção de ensino de filosofia como aprender a aprender;
4. concepção de ensino de filosofia como criação de conceitos.

A concepção enciclopédica de ensino de filosofia sustenta-se na compreensão de que ela está circunscrita à sua história e que ensiná-la significa ensinar os conteúdos filosóficos, entendidos como produtos do pensamento materializado na história da filosofia. Esse modo de compreender a filosofia e seu ensino sustenta-se numa concepção pedagógica conservadora de educação, a qual Duarte (1998) chama de *pedagogia essencialista*. Segundo essa concepção, haveria uma essência humana idealizada, a-histórica, abstrata, e caberia à educação conduzir os estudantes com o objetivo de atingir o ideal preconizado.

Esse modo de compreender a natureza do conhecimento filosófico e seu ensino tem sua origem na herança colonial impregnada historicamente no ensino de filosofia no Brasil, conhecida como enciclopedismo e identificada com a síntese escolástico-tomista e transmitida sob a forma de manuais. O manual de filosofia reforça a ideia de que esse campo do conhecimento foi produzido por filósofos e que aos "não filósofos" – portanto, aos estudantes da filosofia – cabe apreender o que o manual da disciplina prescreve como sendo a "verdade" filosófica a ser ensinada.

Além dos manuais, outra materialização dessa concepção está na defesa dos textos clássicos da filosofia como única referência para seu ensino. De acordo com essa acepção, a filosofia está presente apenas nos textos filosóficos. É como se os textos garantissem uma enciclopédia de conteúdos e conceitos que devem ser ensinados e, consequentemente, assimilados pelos estudantes de filosofia. Se o professor assume a ideia de que há uma enciclopédia de conhecimentos filosóficos a serem transmitidos aos estudantes, e que esses conhecimentos estão nos textos e manuais, podemos pressupor uma metodologia de ensino e uma didática que visem atingir o objetivo proposto, ou seja, transmitir aos estudantes os conhecimentos filosóficos para que estes assimilem o conteúdo e cumpra-se assim o objetivo de ensinar filosofia. Propicia-se, dessa forma, um processo de ensino e aprendizagem livresco, abstrato e que não envolve o pensamento do estudante, mas que pretende apenas assimilar ideias alheias, quase sempre desconectadas do seu cotidiano e sem sentido para ele.

Pela concepção enciclopédica, a história da filosofia é estudada com base na linearidade, não havendo necessidade de demonstrar as contradições do movimento histórico em meio às quais ela foi produzida, sendo assim vista como um processo evolutivo natural, por meio do qual há o progresso científico. O filósofo é apresentado como grande sábio ou mente iluminada e privilegiada, sem a qual não haveria filosofia. As aulas são realizadas por meio da exposição oral, com insistência na sistematicidade e logicidade da filosofia e seu caráter analítico.

Para a concepção enciclopédica de ensino de filosofia, a produção filosófica parece ser um produto materializado nos livros de história da filosofia e nos manuais. *Ensinar* significa transmitir os conteúdos como conhecimento produzido pelos filósofos. O currículo é uma enciclopédia dos conteúdos a serem literalmente vencidos pelo professor, a fim de garantir a aprendizagem. Os manuais são uma referência fundamental para o aprendizado, cabendo ao estudante assimilar o que o manual prescreve.

Em oposição à concepção enciclopédica de ensino de filosofia, mas concordando com ela sob o aspecto dos conteúdos produzidos pela história da filosofia a serem transmitidos pelo professor e assimilados pelos estudantes, está a concepção da filosofia como reflexão crítica*. Essa categorização pode ser identificada nas pesquisas sobre o ensino de filosofia desenvolvido no Brasil, principalmente a partir da década de 1980, nas produções de Dermeval Saviani.

Ao compreendermos a filosofia como reflexão radical, rigorosa e de conjunto – portanto, reflexão crítica sobre o conhecimento historicamente produzido – entendemos que o ensino ocorre por meio da transmissão e assimilação de conteúdos criticamente sistematizados. Nesse sentido, parece haver uma aproximação à pedagogia tradicional, mas agora com a intenção de que o estudante da classe trabalhadora domine os mesmos conteúdos que os estudantes provenientes das classes sociais mais elevadas. Apropriando-se dos mesmos conteúdos, agora de forma crítica, o estudante estará em condições de transformar a sociedade. Como apregoa Saviani (1983, p. 59): "o dominado não se liberta se ele não vier a dominar aquilo que os dominantes dominam. Então, dominar o que os dominantes dominam é condição de libertação".

Ainda de acordo com esse autor, "A filosofia não se caracteriza por conteúdo específico, mas ela é, fundamentalmente, uma atitude; uma atitude que o homem toma perante a realidade. Ao desafio da realidade, representado pelo problema, o homem responde com a reflexão" (Saviani, 1984, p. 23). A reflexão filosófica com base nos problemas que o ser humano enfrenta e nos conteúdos da filosofia historicamente produzidos caracteriza-se como saber crítico. O conteúdo crítico é inerente à filosofia tradicional, mas só se atualiza e adquire sentido político quando

---

* Posição defendida por Saviani (1984) no livro *Do senso comum ao conhecimento filosófico*. Para o autor, a filosofia é uma reflexão radical, rigorosa e de conjunto.

a racionalidade se impõe na vida como unidade dialética. Se a reflexão crítica não for o objetivo do ensino de filosofia, ela perde seu caráter emancipatório. Para que a filosofia possa atingir o objetivo proposto, a reflexão filosófica precisa apresentar três características: radicalidade, rigor e visão de conjunto.

Para Saviani (1984), não se trata de qualquer reflexão. Ser radical significa ir às raízes do problema, num movimento que pode ser entendido como tentativa de compreensão profunda. O rigor é entendido como um esforço de pensar de forma criteriosa, disciplinada, metódica; precisa ser de conjunto, numa tentativa de abarcar a totalidade, não tratar o problema isoladamente (Saviani, 1984).

Para a concepção que defende o ensino de filosofia como reflexão crítica, não há propriamente conteúdo filosófico a ser ensinado, uma vez que a filosofia é vista como uma atitude do ser humano diante da realidade. Diante dos problemas da realidade, o ser humano responde com a reflexão filosófica, lançando mão dos conteúdos historicamente produzidos. O conteúdo crítico é inerente à filosofia tradicional, mas só se atualiza e adquire sentido político quando a racionalidade se impõe na vida como unidade dialética. Se a reflexão crítica não for o objetivo da filosofia, ela perde seu caráter emancipatório.

Bastante desenvolvida entre os professores de filosofia é a compreensão da natureza do conhecimento filosófico como um aprender a aprender. Para essa concepção, o ensino de filosofia ocorre por meio de qualquer tema, conteúdo ou necessidade do estudante. A discussão do tema por si mesmo passa a ser considerada um processo de ensino de filosofia sem se preocupar com o seu conteúdo e muito menos com o método.

Se na escola tradicional o centro do processo educativo era a transmissão de conteúdos pelo professor, agora o centro do processo educativo é o estudante e o ato de aprender a aprender por meio da discussão.

Essa forma de compreender o ensino tem suas origens no movimento da Escola Nova, fundada no pensamento do filósofo educador estadunidense John Dewey (1859-1952), cujo pensamento faz a defesa do ensino pela ação e pela resolução dos problemas enfrentados no cotidiano, portanto defende uma escola que seja extensão da vida (Lima, 2005).

Essa forma de compreender o ensino tem papel fundamental no debate que advém da observação ou da percepção de um problema que é a matéria-prima para o processo pedagógico. Os estudantes problematizam as situações, lançando dúvidas e perplexidades, e buscam soluções por meio da investigação.

De acordo com essa compreensão, a metodologia de ensino parte de uma necessidade sentida pelos estudantes, que se torna um problema, uma dificuldade a ser analisada, por meio do levantamento de hipóteses a fim de encontrar soluções possíveis, que serão experimentadas e analisadas para se chegar a soluções que serão comprovadas com base na experimentação (Lima, 2005).

A compreensão da natureza do conhecimento filosófico como um aprender a aprender não dá importância ao conteúdo do ensino, e sim ao exercício, uma vez que o que importa é a "reflexão" sobre um tema escolhido aleatoriamente pelo professor ou pela turma. O que importa é o debate no qual cada um expõe o que pensa a respeito do assunto em pauta, já que o importante é a atitude filosófica reflexiva em busca da solução do problema em pauta.

Esse modo de compreender a filosofia e seu ensino tem grande importância no trabalho educativo e o levou às últimas consequências, assumindo que "a escola educa mais pela forma como organiza o processo de ensino do que pelos conteúdos que veicula através desse processo" (Martins, 1998, p. 17).

A concepção de ensino de filosofia como aprender a aprender considera a discussão por si mesma como filosófica, sem se preocupar com seu conteúdo e, muito menos, com o método. É uma proposta pedagógica que torna secundários os conteúdos escolares e o papel do professor. Não há a preocupação com o conteúdo filosófico, uma vez que o que importa é simplesmente a "discussão" de um assunto escolhido pelo professor ou pela turma.

Destaca-se atualmente nas pesquisas sobre o ensino de filosofia no Brasil a posição de um grupo de filósofos, pesquisadores e professores que compreendem que a natureza do conhecimento filosófico e seu ensino é a ação criadora de conceitos*. Dentre eles se destaca Gallo (1999, p. 4), para quem "A filosofia tem uma ação criadora (de conceitos) e não é mera passividade frente ao mundo". O que seria próprio da filosofia é o trabalho de criar conceitos. Com essa perspectiva concordam Deleuze e Guattari (1992), para quem a filosofia é criação de conceitos.

De acordo com esse modo de compreender a natureza do conhecimento filosófico, a filosofia não é mera passividade ante o mundo, mas tem uma ação criadora de conceitos. O trabalho com conceitos exige que o estudo da filosofia una os problemas filosóficos com as respostas já formuladas na história da filosofia. Nesse sentido, os textos clássicos ganham sentido e significado para produzir a experiência do filosofar. Nesse processo, o método reflexivo ganha importância na medida em

---

* A filosofia como criação de conceitos é amplamente discutida por diversos pesquisadores do ensino de filosofia e defendida como uma possibilidade de fugir ao determinismo do ensino enciclopédico, do solipsismo da filosofia como reflexão crítica ou do risco da perda da especificidade do conhecimento filosófico do aprender a aprender.

que possibilita a investigação com radicalidade, indo até as raízes dos problemas filosóficos investigados, com rigor metodológico e sem perder a visão de conjunto. A filosofia tem no conceito sua dimensão pedagógica – é trabalho/criação conceitual. Portanto, é próprio da filosofia o trabalho com os conceitos em processo de contínua criação, o que, de alguma forma, é uma intervenção no mundo, já que é a própria criação de um mundo (Lima, 2005).

Para a filosofia como criação conceitual, o específico é o trabalho/a criação de conceitos como campo próprio, o que a distingue dos demais conhecimentos.

Segundo Gallo (2007), a filosofia não pode ser vista como reflexão, pois esta não é específica do fazer filosófico. Outras áreas de conhecimento utilizam a reflexão para refletir sobre seu processo de produção do conhecimento, e nem por isso produzem filosofia. "Na compreensão da filosofia como reflexão há uma exacerbada preocupação pedagógica, esquecendo-se da questão filosófica" (Lima, 2005, p. 60).

Entretanto, não devemos confundir a ideia de criação de conceitos no ensino de filosofia no ensino médio com a perspectiva acadêmica de alta especialização, ou seja, o que se pretende é o trabalho com o conceito na dimensão pedagógica, a fim de que os estudantes possam pensar problemas filosóficos e, por meio do estudo da filosofia, dos textos filosóficos e dos conceitos, realizem um processo de conceituação.

Síntese

Neste capítulo, vimos que a filosofia surge como tentativa de compreensão racional e lógica do mundo e que essa tentativa já estava presente nos mitos. Com base nesse conhecimento, pudemos superar a ideia de que a filosofia sucedeu e eliminou o mito. Nem milagre, nem superação, o mito e a filosofia convivem ainda hoje como formas diferentes de ver e compreender o lugar de sua existência humana.

Também mostramos que a educação e a escola são apropriadas à filosofia, pois são "lugares" de atuação política e construção social dos sujeitos que, em meio a processos muitas vezes contraditórios, produzem suas experiências e constroem caminhos de resistência.

Destacamos também que a análise que situa o surgimento da filosofia no contexto grego dos mitos ajuda nos a compreender o ensino de filosofia no contexto da educação em movimento dinâmico no território do currículo do ensino médio, etapa final da educação básica. Vimos que o currículo, por sua vez, é o território na qual a filosofia precisa conquistar seu lugar, e isso envolve luta por posição epistemológica, cultural e política. Percebemos que a Filosofia, como **disciplina curricula**r, sempre enfrentou grandes dificuldades para legitimar-se como **disciplina escolar**, e pudemos constatar, ao longo da história da educação no Brasil, a fragilidade da legislação educacional, que tornou quase sempre inviável sua inserção no currículo por não oferecer plenas condições de ensino. Isso porque os documentos curriculares oficiais sempre tentaram dar à filosofia uma função no currículo escolar.

Percebemos ainda outros fatores importantes para a definição do lugar da filosofia no currículo: a compreensão da natureza do conhecimento filosófico e a necessidade de o professor observar a existência de ao menos quatro diferentes compreensões e práticas de ensino de filosofia, que são a concepção enciclopédica de ensino de filosofia; a concepção do ensino de filosofia como reflexão crítica; a concepção de ensino de filosofia como aprender a aprender; e a concepção de ensino de filosofia como criação de conceitos.

Indicações culturais

Filme

> LA EDUCACIÓN prohibida. Direção: German Doin e Verónica Guzzo. Argentina: Independiente, 2012. 120 min. Documentário. Disponível em: <http://www.educacionprohibida.com>. Acesso em: 2 dez. 2016.

Nesse longa-metragem produzido na Argentina, você terá experiências curriculares não convencionais. Seu objetivo é incentivar a discussão de currículo, valorizando a diversidade educacional e a autonomia pedagógica das escolas.

Livro

> ALVES, D. J. **A filosofia no ensino médio**: ambiguidades e contradições na LDB. Campinas: Autores Associados, 2002.

Nessa obra, o autor faz uma revisão da história da educação no Brasil, mostrando as ambiguidades e as contradições da presença e ausência da filosofia no currículo escolar, especialmente na educação de nível médio.

Atividades de autoavaliação

1. Sobre as teorias que explicam a origem grega da filosofia, marque a alternativa correta:
   a) Uma teoria afirma que a filosofia surgiu de uma ruptura com os mitos gregos, e a outra, que já havia certa racionalidade

nos mitos, portanto a filosofia surgiu de uma continuidade dos próprios mitos.

b) Uma teoria afirma que os mitos surgiram da filosofia, e a outra, que a filosofia é uma forma de mito.

c) Uma teoria afirma que não é possível determinar a origem da filosofia entre os gregos, e a outra, que mito e filosofia têm, ambos, a mesma origem.

d) As teorias mais aceitas sobre a origem da filosofia afirmam que não é possível afirmar que essa ciência tenha se originado entre os gregos.

2. Compreender o contexto grego do surgimento da filosofia ajuda-nos a entender o ensino de filosofia no contexto educacional atual, pois:

a) o interesse dos antigos em aprender filosofia é o mesmo dos jovens de hoje.

b) nos ajuda a compreender a educação como um lugar de atuação política e construção social dos sujeitos que, em meio a processos muitas vezes contraditórios, produzem suas experiências e constroem caminhos de resistência.

c) vivemos a mesma concepção de democracia que os gregos antigos viveram.

d) é conhecendo o passado que entendemos o presente e podemos planejar o futuro.

3. Para entendermos as questões pertinentes ao currículo escolar, é preciso analisar como ele é produzido e qual a dinâmica que possibilita as escolhas de determinadas disciplinas e conteúdos de ensino e exclui tantas outras. Sobre currículo, é correto afirmar:

a) Trata-se de um documento formal e técnico elaborado por especialistas e aplicado pelos professores.

b) Trata-se somente daquilo que os professores selecionam como conteúdos a serem ensinados aos alunos.

c) É um documento estatístico que pouco afeta a prática docente e discente.

d) Currículo não é algo estático, mas uma construção social, pois a luta para defini-lo envolve prioridades sociopolíticas e discurso de ordem intelectual.

4. Sobre a Filosofia como disciplina da educação básica brasileira, é correto afirmar:

a) O governo da ditadura militar no Brasil, que durou de 1964 a 1984, impôs a obrigatoriedade da filosofia na educação brasileira.

b) No final do período de repressão e com o início da abertura política, a Lei n. 5.692/1971, dos militares, recebeu uma emenda por meio da Lei n. 7.044/1982, a qual tornou a Filosofia disciplina obrigatória no currículo do então chamado 2º grau.

c) Em 1996, a Lei n. 9.394/1996 introduziu a Filosofia na sua matriz curricular do ensino médio como disciplina obrigatória.

d) Constata-se, ao longo da história da educação no Brasil, a fragilidade da legislação educacional, que tornou inviável a inserção da filosofia no currículo escolar pela inexistência de políticas educacionais que possibilitassem plenas condições de ensino.

5. Observa-se a existência de ao menos quatro diferentes compreensões e práticas de ensino de filosofia, que podem ser categorizadas como:

a) enciclopédica, reflexão crítica, aprender a aprender e produção de conceitos.

b) enciclopédica, reflexão crítica, aprender a aprender e criação de conceitos.

c) enciclopédica, reflexão crítica, aprender a viver e criação de conceitos.
d) enciclopédica, reflexão espiritual, aprender a aprender e criação de conceitos.

Atividades de aprendizagem

Questões para reflexão

1. Neste capítulo, você conheceu, ainda que brevemente, o processo histórico de conquista do lugar da filosofia no currículo da educação no Brasil. Agora, pesquise as diferentes concepções de filosofia que estiveram presentes nos diferentes momentos históricos da educação brasileira e responda: Quais você considera importantes para a conquista do lugar da filosofia no currículo do ensino médio?

2. No que se refere à escola como lugar da educação, qual você considera que deveria ser o espa.ço ocupado pela filosofia nesse lugar?

Atividade aplicada: prática

Escolha uma escola de ensino médio, de preferência uma que você já conheça, e procure conversar com um dos professores de Filosofia da instituição. Com base nos conteúdos desenvolvidos nesse capítulo, elabore algumas questões e entreviste esse professor de modo informal. Se possível, grave as respostas dele e, posteriormente, faça uma análise sobre o lugar que a filosofia ocupa no currículo daquela escola.

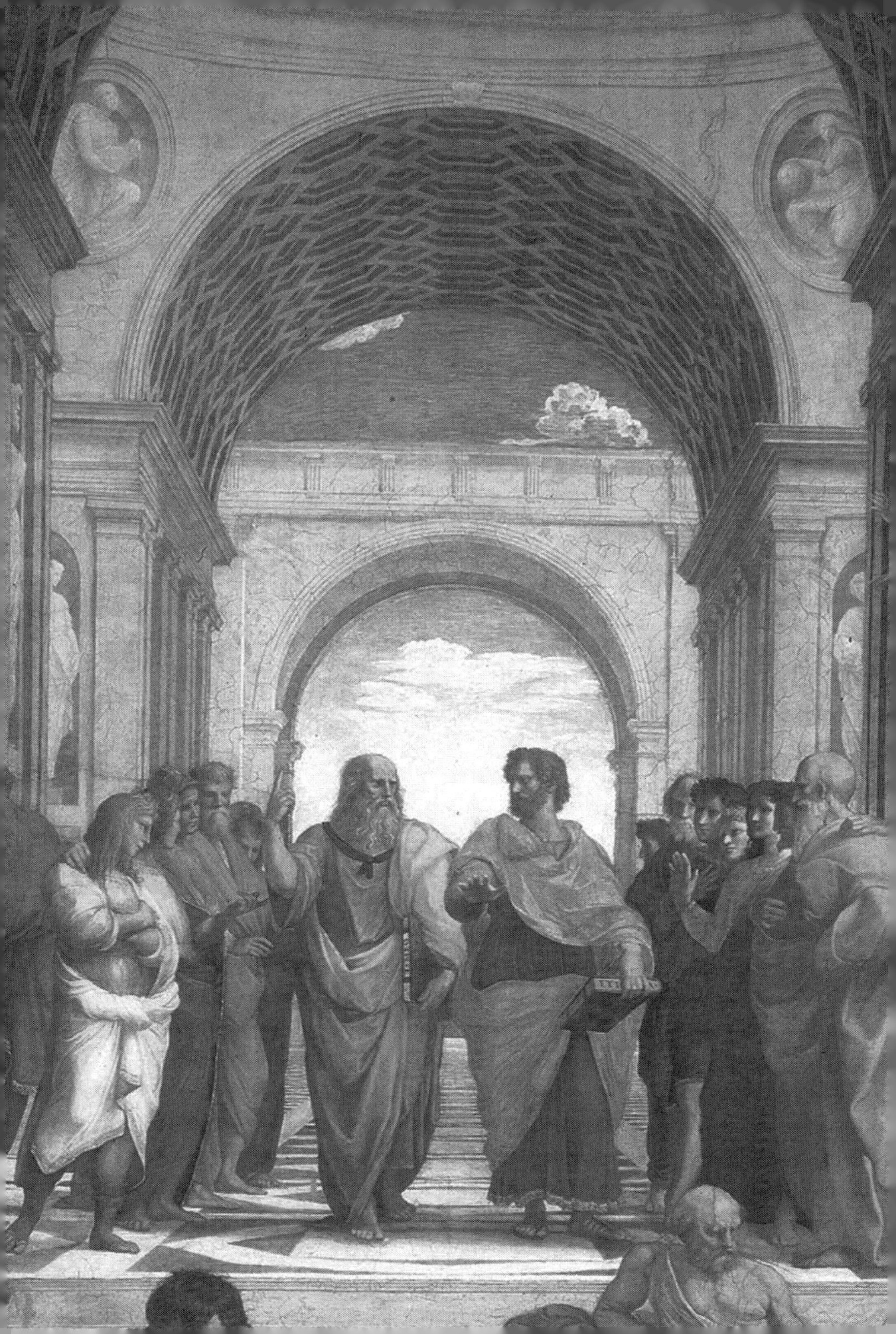

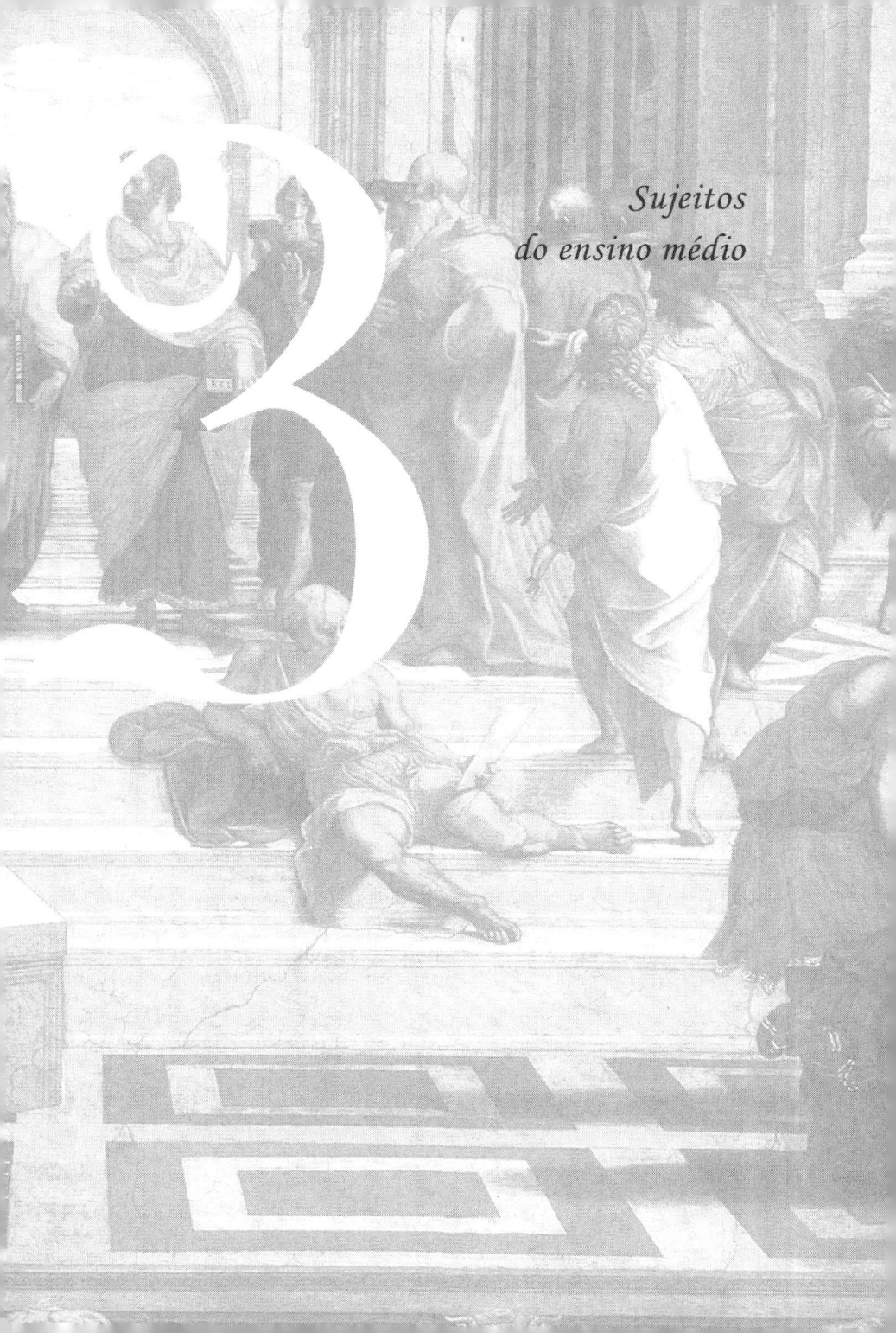

3

*Sujeitos
do ensino médio*

Neste capítulo, vamos investigar os conceitos de jovem e de juventudes, bem como a importância desses conceitos para a compreensão dos sujeitos do ensino médio. Veremos, ainda, que a investigação dessa temática envolve estudos da psicologia, da sociologia e da antropologia social. Sposito (2008a, 2008b, 2010), pesquisadora da categoria juventude, *compreende-a sob o ponto de vista da transformação da escola, do mundo do trabalho, do consumo etc., ou seja, sob a ótica dos movimentos sociais e culturais, o que define a juventude é sua experiência social. Nesse sentido, Dubet (1994), pensador da sociologia, oferece importante contribuição para a compreensão da experiência social do jovem do ensino médio, ajudando-nos a entender o processo de socialização dos sujeitos desse nível de ensino nas diferentes lógicas da experiência social.*

3.1
Jovens e juventudes

Na busca de compreender como ensinar filosofia no ensino médio, não podemos desconsiderar os processos históricos da construção social desse nível de ensino e sua dualidade estrutural. Não é possível desconsiderar que o ensino médio é um lugar vivo e dinâmico, construído histórica e socialmente por sujeitos e suas experiências sociais.

Para compreender os sujeitos do ensino médio, precisamos antes analisar a força socializadora exercida pela experiência social sobre esses jovens, como o trabalho, a classe social, o gênero, a religião, a vida urbana ou a rural, a etnia etc.

O risco que se corre ao investigar o jovem, optando por compreendê-lo com base em suas diversas identidades, é o de fragmentar a categoria *juventude*, captando cada identidade isoladamente, o que poderia dificultar a compreensão desses sujeitos de modo mais abrangente na sociedade, uma vez que cada grupo teria de ser analisado separadamente.

> Mas qual é a importância de compreender a categoria *juventude* em meio às lógicas combinadas da experiência social, da integração, da estratégia e da subjetivação responsáveis pelo processo de socialização dos jovens do ensino médio na tentativa de superar* a compreensão desses sujeitos por meio de categorias segmentadas como classe social, gênero, etnia, grupo social etc.?

---

* Não estamos propondo abandonar ou desconsiderar aspectos como classe social, gênero, etnia, grupo social etc., mas compreendê-los no interior da dinâmica das lógicas da experiência social dos sujeitos, a fim de não fragmentar a categoria *juventude*.

Uma das possibilidades é compreender a juventude no âmbito da cultura. A questão com a qual nos deparamos ao procurar conceituar juventude no âmbito da lógica da subjetivação – cultura – parece estar circunscrita às seguintes problemáticas (Guimarães; Macedo, 2009):

- Há uma cultura do jovem ou o que há são jovens de diversas culturas?
- É possível falar em *cultura juvenil* ou só podemos falar em *cultura do jovem*, ou então, o *jovem da cultura*? Como se dá o processo pelo qual o jovem ressignifica a cultura no mundo contemporâneo e a manifesta em suas atitudes cotidianas?

Compreendemos que a questão a ser investigada é ampla e envolve a análise de muitas contradições e contraposições entre as várias teorias e áreas de conhecimento que estudam a categoria *juventude*. Por isso, trazemos aqui algumas dessas discussões originadas no âmbito das pesquisas, a fim de construir uma compreensão do sujeito do ensino médio. Para isso, começaremos analisando o conceito *juventude* nas áreas de pesquisa que têm essa categoria como objeto de estudo, a fim de identificar algumas concepções teóricas que a envolvem.

Oliveira (2012, 2008) observa que, antes de iniciar qualquer investigação sobre a categoria *juventude*, há que se fazer uma distinção entre *adolescentes* e *jovens*. Como, em geral, os estudos sobre a categoria *juventude* foram iniciados por estudiosos da educação preocupados com os processos pedagógicos de ensino e aprendizagem, jovens e adolescentes geralmente são estudados como uma única categoria, que é tratada como *estudante*, ou seja, como o objeto do ato educativo. Mas o que significa ser estudante? De acordo com Sposito (2003, p. 218), "esse trabalho do estudante não se resume à resposta às exigências explícitas inscritas nos programas e regulamentos oficiais, mas às expectativas implícitas da instituição e dos professores".

No imaginário escolar, *estudante* é aquele que possui as qualificações necessárias para aprender o que significa ser adulto, uma vez que não o sabe, de modo que, para educadores em geral, a criança, o adolescente e o jovem são classificados como *miniadultos*, mas que de fato ainda não podem assumir as obrigações da vida adulta, sendo necessário para isso passar pelo processo de aprendizagem e qualificação para assumir essa responsabilidade, especialmente o domínio do conhecimento dos processos produtivos, o cumprimento das leis civis e das normas morais. Adquiriu-se, em consequência disso, o costume de utilizar os termos *adolescentes* e *jovens* como sinônimos, gerando certa confusão teórica sobre a compreensão dessas fases distintas da vida humana.

Embora não seja possível estabelecer uma idade cronológica definida para distinguir a adolescência da juventude, é possível identificar a primeira com a crise de identidade e com a dificuldade de integrar, de forma coerente, as diversas imagens que se tinha de si na infância com a nova autoimagem, pela qual se passará a ser reconhecido pelo grupo. Os estudiosos da psicanálise, por seu turno, dão, em suas análises, ênfase à puberdade, período no qual o adolescente experimenta a emergência da sexualidade, evidenciada especialmente pelas mudanças que acontecem no corpo do púbere, que se vê confrontado com a genitalização de seu psiquismo e a experimentação de conflitos e turbulências psíquicas na busca de construir uma nova imagem de si e sua representação diante do grupo. Esse período de turbulências e instabilidades emocionais e comportamentais, em certa medida, dificulta a convivência do adolescente nos grupos sociais dos quais participa, especialmente na escola, com seus professores (Oliveira, 2012, 2008).

Em grande parte, os estudos sociológicos realizados atualmente no Brasil sobre juventude referem-se às interfaces entre sociologia da educação e juventude. Um tipo de abordagem sociológica da juventude a classifica demograficamente na faixa etária entre 15 a 24 anos, e considera a impossibilidade de estabelecer parâmetros universais para diferenciar a adolescência da juventude, uma vez que esses conceitos são históricos e culturais, o que inviabiliza a definição de parâmetros de caráter universalizante, sendo possível apenas concentrarem-se no aspecto da juventude como transitoriedade, como sendo uma fase entre a infância e a idade adulta, marcada especialmente pela angústia de ter de decidir o próprio destino, distanciando-se da infância e de sua sensação de proteção dos pais (Oliveira, 2012, 2008).

Ocorre que, tanto nas abordagens clássicas da psicologia quanto nas da sociologia, as análises geralmente são voltadas apenas para os elementos comportamentais individuais e da identidade do jovem no grupo, o que pode restringir a análise da categoria *juventude* a elementos puramente biológicos, naturais, formais e funcionais.

O estudo sobre a juventude no interior da instituição escolar – ou fora dela – precisa apoiar-se na análise dos processos históricos e culturais mais amplos, que constituem a singularidade da sociedade brasileira, a fim de produzir uma reflexão situada historicamente, para compreender a juventude e a escola na relação dialética com uma sociedade que articula o arcaico e o pós-moderno, o avançado e o atrasado, o crescimento e as desigualdades. A análise dos processos sociais e históricos "requer que conscientemente coloquemos entre parênteses aquilo que achamos natural a respeito de como nossas escolas, a mídia, o governo e as instituições funcionam. Ao mesmo tempo, requer que identifiquemos como e sob que formas o poder desigual se manifesta" (Apple, 1989, p. 13).

É necessário, portanto, analisar a categoria *juventude* sob o ponto de vista da transformação da escola, do mundo do trabalho, do mundo do consumo e das tecnologias da informação e comunicação (TICs), com base na ótica coletiva dos movimentos sociais e culturais, buscando compreender a experiência social da juventude nas suas singularidades, mas sem deixar de considerar o movimento dos processos globais de desenvolvimento da reestruturação do capitalismo (Sposito, 2008b).

3.2
Juventude e experiência social

No entender de Wautier (2003, p. 175), Dubet nos oferece algumas "balizas para a compreensão desta nova configuração social em que há, pelo menos, acordo sobre um ponto: as explicações fornecidas até hoje não cabem mais nesse admirável mundo novo".

Esse mundo novo é um indicativo da perda de sentido das instituições tradicionais, que já não conseguem atender às demandas e necessidades dos indivíduos por reconhecimento e atendimento a suas especificidades. Nesse sentido, a sociedade só pode ser entendida se compreendermos a experiência social do indivíduo singular e, ao mesmo tempo, sua experiência histórica social produzida nas lógicas dos sistemas de integração, competição e cultura que constituem a sociedade. Tal afirmação está de acordo com o pensamento de Dubet (1994), para quem, em uma sociedade marcada pela diversidade cultural e social e suas mais diversas formas de conflito, o sujeito não pode ser compreendido sob uma lógica única de ação programada e determinada.

O mesmo autor toma como categoria central para analisar a ação social do sujeito o conceito de ***experiência social***, que é organizado "por princípios estáveis mais heterogêneos. É essa própria heterogeneidade que convida a que se fale da experiência, sendo experiência social definida pela combinação de várias lógicas de ação" (Dubet, 1994, p. 93). Portanto, apresenta uma compreensão da experiência social como um fluxo contínuo, homogêneo e desordenado de interações sucessivas e organizadas por princípios estáveis heterogêneos, combinando várias lógicas de ação.

A "escolha da categoria experiência se deve às suas características ambíguas e imprecisas para designar condutas sociais, como movimentos sociais, juventude, imigração e escola" (Dubet, 1994, p. 15). A heterogeneidade dos princípios culturais e sociais organizam as condutas, pois os indivíduos se definem pela atividade no interior da experiência em construção, não pelo papel que ocupam, mas pelo papel que desenvolvem na experiência social. "Tudo se passa como se os atores adotassem simultaneamente vários pontos de vista, como se a identidade deles fosse apenas o jogo movediço das identificações sucessivas" (Dubet, 1994, p. 15).

Os indivíduos mantêm uma distância subjetiva em relação ao sistema. Isso provoca um problema de distanciamento e um mal-estar, que é produzido pela pluralidade das lógicas de ação presentes na experiência social, uma vez que os indivíduos não cumprem um programa, mas têm em vista construir uma unidade com base nos vários elementos de sua vida social e da multiplicidade de orientações que trazem consigo. Afinal, precisam explicar a si mesmos a origem de suas práticas e sua adesão a papéis e valores aos quais não aderem totalmente, desenvolvendo em relação a eles uma atitude de reserva e um distanciamento crítico. "Esta atitude de reserva procede da heterogeneidade das lógicas da ação que se cruzam hoje na experiência social, e é então vivida como um problema porque ela torna cada um em autor de sua experiência" (Dubet, 1994, p. 16-17).

Ao analisar como as diversas teorias sociológicas justificam a relação entre indivíduo e sociedade, Dubet (1994, p. 94) conclui que a "representação clássica da sociedade já não é adequada", pois não dá conta de explicar como a relação entre indivíduo e sociedade pode ser regulada por várias lógicas de ação, as quais, por sua vez, remetem às várias lógicas do sistema social, que são estruturadas por princípios autônomos, sem um centro convergente, como explicado anteriormente pela sociologia clássica. Essa compreensão da ação social centrada no papel do ator social focaliza a importância do indivíduo como protagonista social, ou seja, centraliza-se na capacidade crítica e reflexiva do indivíduo, que então se torna capaz de produzir um distanciamento em "relação a si mesmo", tornando-se sujeito da ação social "construída na heterogeneidade das lógicas e das racionalidades da ação" (Dubet, 1994, p. 94).

O conceito de *experiência* é ambíguo e vago em dois sentidos diferentes: um emocional e outro cognitivo. A experiência é "uma maneira de sentir, de ser invadido por um estado emocional suficientemente forte para que o ator deixe de ser livre, descobrindo ao mesmo tempo uma subjetividade pessoal" (Dubet, 1994, p. 94) – experiência estética ou emocional – e uma experiência individual, particular, marcada pela irracionalidade e pelo romantismo de um ser único. A experiência pode ser pensada, também, como a formação da consciência do indivíduo sobre a sociedade, ou seja, a substituição da consciência individual pela sensação de pertencer a uma grande comunidade. Assim, o indivíduo esquece seu ego e passa a sentir-se emocionalmente integrado à grande sociedade. A experiência social é também uma atividade cognitiva, ou seja, um modo de construir a realidade, especialmente de verificá-la e experimentá-la por meio dos atributos da razão. Portanto, a experiência é uma forma de **construção da realidade**, e não, como defendido pela sociologia clássica, uma forma de incorporação dos valores e normas sociais tradicionais pela emoção e pela razão (Dubet, 1994).

A experiência social apresenta cinco característica, quais sejam:

1. **Socialização do ator como processo inacabado**: O ator nunca estará totalmente socializado pela experiência social, pois a

ação não apresenta uma unidade, ou seja, não se reduz a um objetivo único "contra as imagens demasiadamente claras que opõem a cultura todo-poderosa à razão autônoma, convém antes sublinhar que existe na experiência social alguma coisa de inacabado e de opaco, porque não há adequação absoluta da subjetividade do ator e da objetividade do sistema" (Dubet, 1994, p. 96). Sob esse aspecto, mesmo sendo submetidos a fortes imposições institucionais, como a dominação extrema ou a funcionalidade, os atores sociais não reduzem sua experiência aos papéis impostos, pois suas experiências estão inscritas também em registros múltiplos e não congruentes, sendo esta a base da autonomia dos indivíduos, demonstrando que estes constroem por necessidade ações próprias (Dubet, 1994), a fim de salvaguardar sua subjetividade.

2. **Subjetividade do ator**: O objeto da experiência social é a subjetividade dos atores. Isso se apresenta muito mais como um postulado metodológico do que ontológico, uma vez que os atores interpretam a conduta social a fim de se explicar, justificar e produzir uma informação sobre como são suas ações. Por exemplo, o sentimento de liberdade manifestado pelos indivíduos "é testemunha da própria experiência, da necessidade de gerir várias lógicas, da percepção da ação como experiência e como 'drama'" (Dubet, 1994, p. 101). O drama a que se refere o autor é a angústia sentida pelos atores diante da incapacidade de fazer escolhas, exercendo assim sua liberdade, e sofrer as consequências de suas opções. Por isso, na maior parte de sua vida, vivem infelizes, e o desejo de serem autores de suas escolhas se apresenta muito mais como projeto ético do que como efetiva realização. "Desta maneira, a experiência individual, ao mesmo

tempo em que se torna mais subjetiva, torna-se mais social. Ela é, então, mais 'manipulada', mais controlada, mais aberta aos olhos dos outros" (Dubet, 1994, p. 103).

3. **Construção da experiência social**: A experiência social é construída socialmente. Mesmo sendo, na maior parte do tempo, experiência individual, ela só existe na medida em que é reconhecida pelos outros de forma coletiva. Podemos, então, dizer que a experiência puramente individual não existe. "A experiência mais pessoal não se desfaz das categorias sociais e do seu testemunho" (Dubet, 1994, p. 105).

4. **Caráter crítico da experiência social**: A experiência social é crítica. "Os atores sociais 'passam o tempo' a explicarem o que fazem, por que fazem, a justificar-se" (Dubet, 1994, p. 105), julgando a experiência por meio de relações sociais, critérios de justiça, de autenticidade e de verdade. Com isso os atores se distanciam da própria experiência a fim de dar sentido a ela. Ainda de acordo com o Dubet (1994, p. 106), "os atores não vivem na adesão imediata e no testemunho puro, pois reconstroem sempre uma distância em relação a eles próprios". O indivíduo é um "intelectual" da experiência, um ator com capacidade de analisar conscientemente a experiência social e, de certo modo, ser capaz de compreender sua relação com o mundo.

5. **Articulação entre as lógicas de ação social**: A sociologia da experiência é definida como uma combinação das lógicas de ação que ligam o ator a cada uma das dimensões de um sistema no qual ele deve articular a ação de diferentes lógicas e, ainda, a dinâmica produzida por elas, que constitui a subjetividade do ator e sua atividade reflexiva. Dubet (1994) afirma que não há um único sistema e uma única lógica de ação, mas uma pluralidade

hierarquizada de lógicas e sistemas, sendo que todas as lógicas e sistemas da experiência são igualmente importantes e significativos, uma vez que concebidos como "diversidade analítica e não hierárquica de ação" (Dubet, 1994, p. 109). A análise da experiência social, nesse sentido, consiste em compreender que a ação também é definida por relações sociais e não somente por orientações normativas e culturais dos atores. Sempre haverá mais do que uma simples correspondência entre duas ações. Por isso, "pode-se considerar que a orientação só se desenvolve no tipo de relação que lhe corresponde e, de maneira complementar, que o tipo de relação pede um tipo de orientação. A articulação das duas dimensões constitui uma lógica de ação" (Dubet, 1994, p. 110). As lógicas de ação que estruturam a experiência social não são definidas apenas pelas orientações normativas das ações, mas também pelas relações sociais, ou seja, a experiência é fruto da conjunção de dois elementos analíticos igualmente importantes: as **orientações normativas** combinadas com as **relações sociais**. Desse modo, "a experiência social é uma combinatória" composta por operações intelectuais fundamentais (Dubet, 1994, p. 111). "A primeira é de ordem analítica. Ela tem em vista isolar e descrever as lógicas da ação presentes em cada experiência concreta" (Dubet, 1994, p. 111). A compreensão da experiência social implica em compreender que ela é fruto de várias combinações de lógicas de ação misturadas. Não há uma única lógica de ação que possa ser identificável isoladamente na experiência social. "A segunda operação tem em vista compreender a própria atividade do ator, quer dizer, a forma como ele combina e articula as diversas lógicas" (Dubet, 1994, p. 112).

Assim, podemos dizer que a experiência social é produzida historicamente de forma dialética e contraditória, de modo que o indivíduo combina e articula várias lógicas. A compreensão das diferenças existentes entre as lógicas de ação do sistema social é a terceira operação intelectual fundamental defendida por Dubet (1994). Por meio da percepção das diferenças existentes entre as lógicas de ação, os atores as

> *sintetizam e catalisam, tanto no plano social como no plano coletivo. Ou seja, a lógica de ação não pertence somente ao ator, primeiro pela questão da coerência interna, pois nem tudo é possível no interior da lógica da ação, e segundo pelo fato de ela ser determinada pela natureza do sistema social à qual pertence.* (Dubet, 1994, p. 112)

As lógicas de ação se articulam e interagem em três grandes sistemas de integração: a comunidade, a competição e a cultura. A cada um desses sistemas de integração corresponde uma lógica de ação que articula a experiência. Ao sistema de vínculos com a **comunidade** corresponde a lógica da **integração**, quando o ator é definido por seus vínculos de pertença na comunidade; ao sistema de **competição** – mercado – corresponde a lógica da **estratégia**, quando o ator se define por seus interesses no mercado; e ao sistema **cultural** corresponde a lógica da **subjetivação**, quando o ator se define como sendo crítico em confronto com a sociedade e seus sistemas de produção e dominação (Dubet, 1994).

3.3
Lógicas da experiência social

Ainda tomando como base os estudos de Dubet (1994), é importante termos em mente que o autor afirma que as três lógicas de ação citadas no item anterior podem ser decompostas em princípios analíticos simples, que são: **identidade, oposição** e **totalidade**. Essas lógicas são autônomas e não hierarquizadas no interior da sociedade, razão por que é possível falar em **experiência**, e não em **ação**, a fim de se poder conceituar a "autonomia não hierárquica das lógicas que mantêm relações necessárias entre si, mas aleatórias" (Dubet, 1994, p. 114).

A lógica da integração é uma categoria da sociologia clássica, pois diz respeito aos mecanismos de integração que estão sempre presentes em qualquer sociedade identificada no seu conjunto. A essa lógica, correspondem ações como: identidade integradora, oposição entre o "eu" e o "nós", valores e condutas de crise. A identidade integradora é a forma pela qual o ator internaliza os "valores institucionalizados por meio dos papéis" (Dubet, 1994, p. 115). A lógica da socialização do indivíduo, nesse sentido, funciona por meio do processo de internalização e incorporação de valores e normas sociais que definirão sua personalidade, especialmente no que diz respeito à sua língua, sexualidade, religião, classe social, a seus valores nacionais etc. Isso é o que produz a identidade do indivíduo, vinculando-o às tradições e aos valores internalizados, quase como se estes fossem uma segunda natureza, transformando-se em seu "eu" apenas como uma representação social, ou seja, um "nós". Assim, a constituição da identidade, nessa lógica de integração, acontece por meio da diferenciação com o "eles". O outro é o diferente, o alheio, mas não necessariamente o inimigo, e o "nós" caracteriza-se pela identidade integradora, por assumir os mesmos valores, costumes, ritos, símbolos, tradições etc. (Dubet, 1994).

Ainda tratando da lógica da integração que produz a identidade, Dubet (1994) afirma que, sob essa lógica, os objetos culturais são definidos em termos de valores comuns. Os valores são assumidos pelos indivíduos e ganham o sentido de viga mestra do edifício cultural do grupo, e qualquer ameaça à sua sustentação significa uma ameaça à própria identidade dos indivíduos e à ordem do grupo. "É por essa razão que os valores, assim concebidos, remetem diretamente para a autoridade, quer dizer, para a potência associada a uma posição social que encarna a capacidade de manter a integridade do conjunto" (Dubet, 1994, p. 119).

A identidade integradora é uma forma de fazer frente às ameaças e ao processo de mudança do mundo e manter a estabilidade da própria identidade. Os temas da crise, da queda, da morte dos valores, da defesa da identidade e da anomia irrigam os editoriais, as conversas de café ou de sala, muito mais ainda que os tratados de sociologia. É importante destacar que, mesmo retomando o conceito de identidade integradora da sociologia clássica, Dubet dá ao sujeito e à sua subjetividade a liberdade de fazer escolhas ante as determinações do processo de socialização, visto que não há uma única lógica da ação social do sujeito, existindo outras lógicas, que fazem sentido em sistemas diferentes. Sistemas e lógicas são integrados e não hierarquizados; por exemplo, a estratégia, para Dubet (1994), é a lógica de ação do sujeito na sociedade de mercado, que, por sua vez, é caracterizado não só pelas trocas econômicas, mas também pelo conjunto de atividades sociais. Integração e estratégia são distintas em função da diferença das lógicas de ação às quais estão vinculadas. "A estratégia implica uma racionalidade instrumental, um utilitarismo da própria ação que visa conceder os meios para as finalidades pretendidas nas oportunidades abertas pela situação" (Dubet, 1994, p. 123).

Dessa forma, a estratégia possibilita aos atores que têm suas lógicas de identidade perdidas, enfraquecidas, decompostas e estigmatizadas – por exemplo, em processos de urbanização acelerada – afirmar sua identidade por meio de ações integradoras em espaços de concorrência e negociação existentes no mercado e na comunidade. A identidade é alcançada não pela via da afirmação dos valores do grupo, mas pela posição de poder que o sujeito ocupa no mercado e na comunidade, e advém das oportunidades e dos recursos disponíveis a essa posição.

Os atores definem-se no mercado como jogadores que apostam na garantia mínima das regras do jogo, a fim de que se torne possível a integração e não se transforme a concorrência em guerra. "A sociedade é vista como um sistema de trocas concorrenciais na competição para se obterem bens raros: o dinheiro, o poder, o prestígio, a influência, o reconhecimento" (Dubet, 1994, p. 124).

> Nesse jogo de lógicas da experiência social, compreendemos que os sujeitos do ensino médio definem objetivos, estabelecem metas, estratégias de ação e competição para vencer ou convencer o adversário, e a integração é trocada pela regulação, por meio da qual são estabelecidas as regras do jogo, para que se estabeleça a concorrência, e não a guerra na qual não haverá vencedores, tendo em vista o nível de disputa. "Subjetivamente, cada ator colocado numa lógica estratégica define os objetivos que tem em vista, os bens visados que o põem em concorrência com os outros. A natureza desses objetivos continua a ser definida pelos indivíduos e pelos grupos" (Dubet, 1994, p. 127).

Os sujeitos do ensino médio definem os objetivos de suas estratégias no mercado tendo em vista sua utilidade, e esse princípio está fundado na ideologia do capitalismo, ou seja, a ação do sujeito orientada para o sucesso no mercado. Isso não impede um posicionamento crítico, uma vez que, numa sociedade aberta, cada um dispõe de certo poder. Mas, para isso, importa que o sujeito consiga compreender, numa ação racional, como opera a lógica do mercado e suas estratégias. Os sujeitos do ensino médio evidenciam organizar sua experiência social orientados pela lógica do mercado ao manifestarem a preocupação com a atividade profissional que exercerão no futuro, já que de seu sucesso profissional depende sua inserção no mercado como consumidores.

Na lógica da integração, o sujeito define-se por seus vínculos sociais, e na lógica da estratégia, por seus interesses no mercado, que são "lógicas positivas da ação como realidade" (Dubet, 1994, p. 130). No entanto, o sujeito não pode ser reduzido apenas aos papéis que exerce na sociedade, muito menos aos seus interesses no mercado. É por meio da lógica da subjetivação – sistema cultural – que o ator diferencia e se distancia criticamente das demais lógicas. "Ela só aparece de maneira indireta na atividade crítica, aquela que supõe que o ator não é redutível nem aos seus papéis nem aos seus interesses, quando ele adota um ponto de vista diferente da integração e da estratégia" (Dubet, 1994, p. 130). A essa atividade crítica o autor atribui duplo sentido: **cognitivo** e **normativo**. Ambos pressupõem a existência de uma lógica cultural por meio da qual o ator se distingue das demais lógicas. Mas essa experiência positiva e completa do ator por meio da lógica cultural – ética da convicção – leva-o a uma tensão com as demais lógicas de ação. "A ética da convicção, fora da figura heroica do profeta, define-se em primeiro lugar na sua tensão com a racionalidade instrumental, ou com a moral comunitária" (Dubet, 1994, p. 130).

A lógica da subjetivação pode ser problematizada da seguinte maneira: Em que medida o modelo cultural é responsável pela construção da representação do sujeito? Para responder a essa questão, Dubet (1994) utiliza o termo *empenhamento*, a fim de definir a identidade do sujeito como um ser inacabado, como uma meta a ser atingida, o que lhe permite descobrir-se como autor de sua própria vida. Nesse sentido, "o sujeito está sempre parcialmente 'fora do mundo'; de modo mais exato, a sua identidade é formada pela tensão com o mundo, quer dizer, com a ação integradora e com a estratégia" (Dubet, 1994, p. 131).

O empenhamento é uma forma de engajamento cultural do sujeito por meio do qual ele busca um distanciamento crítico da lógica integradora e da estratégia, definindo sua identidade subjetiva. Esse engajamento no sistema cultural o leva a entrar em conflito com as demais lógicas, uma vez que não consegue desenvolver plenamente sua identidade no sistema cultural e, ao mesmo tempo, não consegue exercer plenamente seu personagem como ator social na lógica da integração no sistema da comunidade ou exercer plenamente as estratégias no sistema do mercado. Podemos dizer que esse conflito se caracteriza por uma luta interna entre o ator e o sujeito em defesa da identidade como criatividade social.

Essa luta é percebida pelo sujeito como um "obstáculo ao reconhecimento e à expressão de sua subjetivação" (Dubet, 1994, p. 132). Por isso, a luta dos atores é para que sua historicidade não seja apagada, a fim de que se mantenha viva sua consciência histórica, seja ela religiosa, seja de classe etc., pois esta não é apenas uma consciência reduzida aos sentimentos de integração a um grupo social, mas uma consciência do significado histórico daquilo que o grupo representa como "ator coletivo que se experimenta como sujeito" (Dubet, 1994, p. 133), dando sentido dentro do sistema cultural e da lógica da subjetivação.

A ausência desse sentido histórico na lógica da subjetivação produz a alienação, que surge como uma falta de sentido, como uma privação da autonomia por efeito de dominação, reduzindo os atores a serem apenas os suportes de papéis e os agentes de interesses limitados impostos, uns e outros, pelos dominantes ou pelo "sistema". A alienação como categoria de análise da experiência do sujeito assume aqui, como em toda análise filosófica ou sociológica, um sentido negativo, como perda de sentido da própria vida e de impotência por não se sentir autor de sua existência, estando reduzido a um estereótipo reproduzido seja pela lógica da integração, seja pela lógica da estratégia, seja pelo esvaziamento do sentido da experiência social por meio da racionalidade instrumental. Ao que parece ser possível depreender, a polarização em uma das lógicas e sua pura e simples instrumentalização produz a alienação, ou seja, a perda da totalidade dos sistemas e suas lógicas.

Somente a lógica da subjetivação (cultura), que ocorre por meio da estratégia cultural, permite explicar o que há de "irracional" e de excessivo nos movimentos sociais: essa ilusão lírica de um dom de si por vezes levado até o sacrifício, essa euforia, esse sentimento de só existir plenamente na ação (Dubet, 1994). É a cultura que define historicamente o sujeito e lhe possibilita a crítica social. "Nesta atividade crítica, o indivíduo é obrigado a 'desprender-se de si', a transformar-se em filósofo" (Dubet, 1994, p. 135). Nesse sentido, não é o conteúdo valorativo que importa, mas sim o movimento, o processo, o exercício da crítica social, que acaba definindo o sujeito por meio da superação dos obstáculos apresentados em seu processo de formação.

Na crítica que faz às análises marxistas da cultura, baseadas na proposição de que o ser social determina a consciência por uma base determinante e uma superestrutura determinada, Williams (1980) aponta os limites e as impossibilidades de análise da cultura baseadas na citação habitual do Prefácio de 1859 da obra *Uma contribuição para a crítica da economia política*, de Marx, afirmando que a utilização original do termo *superestrutura* se refere ao aspecto "legal e político", e não às definições de consciência social. Segundo ele, o processo de transformação da superestrutura no contexto da revolução social começa com a modificação das relações das forças produtivas e das relações de produção, por meio da qual os homens tomam consciência desse conflito e o combatem por meio da ideologia, incluindo suas formas religiosas, estéticas e filosóficas, mas sem supor que essas formas constituem a atividade cultural. Ao fixar que a consciência é produzida socialmente por uma base determinante e por uma superestrutura determinada, as interpretações marxistas reduziram o movimento social aos aspectos da base determinante e determinada da superestrutura, como se elas constituíssem a atividade cultural.

> Na produção social de sua "vida", os homens estabelecem relações determinadas, necessárias e independentes de sua vontade, relações de produção que correspondem a determinada fase de desenvolvimento das suas forças produtivas materiais. A soma total dessas relações de produção constitui a estrutura econômica da sociedade, a base real sobre a qual se ergue a superestrutura jurídica e política e à qual correspondem determinadas formas de consciência social. O modo de produção das condições materiais de vida do processo geral da vida social, política e intelectual em geral. Não é a consciência dos homens que determina sua existência, mas, pelo contrário, sua existência social é que determina sua consciência. Em determinado estágio de seu desenvolvimento, as forças produtivas materiais da sociedade entram em contradição com as relações de produção existentes [...] e essas relações transformam-se em obstáculos. Então começa uma época de revolução social. Com a alteração da base econômica, toda a superestrutura imensa é mais ou menos rapidamente transformada. Considerando tais transformações, uma distinção deve ser sempre observada entre a transformação material das condições econômicas de produção, o que pode ser determinado com a precisão das ciências naturais, jurídicas, políticas, religiosas, artísticas ou filosóficas, em suma, as formas ideológicas em que os homens tomam consciência deste conflito e o combatem. (Marx, 1859, p. 363-364, citado por Williams, 1980, p. 1, tradução nossa)

Williams (1980) buscou, na obra *O Dezoito Brumário de Luís Bonaparte*, 1952-1953, de Marx (2006), uma referência que ele chama de *primitiva* para o termo *superestrutura*. "Sobre muitas formas de propriedade e sobre as condições sociais de existência, ergue-se uma superestrutura inteira de sentimentos (*Empfindungen*), ilusões, hábitos de pensamento e concepções de vida variada e de forma peculiar" (Marx, 2006, citado por Williams, 1980, p. 2, tradução nossa).

Ao interpretar essa citação do pensamento de Marx, Williams (1980) diz que a superestrutura constitui toda a ideologia da classe, ou seja, sua forma de consciência e seu modo constitutivo de compreender o mundo. Com base na interpretação desse sentido dado à superestrutura, Williams (1980) dirá que o termo assume três sentidos diferentes:

1. as formas legais e políticas que expressam as verdadeiras relações de produção existentes;
2. as formas de consciência que expressam uma particular concepção classista do mundo;
3. um processo que ocorre por meio de uma série de atividades, no qual os homens tomam consciência de um conflito econômico fundamental e o combatem.

Esses três sentidos, respectivamente, dirigem nossa atenção para as instituições, para as formas de consciência e para as práticas políticas e culturais.

Qual a importância da retomada que Williams (1992) faz do conceito de superestrutura de Marx para o desenvolvimento de sua teoria cultural? Para respondermos a essa questão, teremos que compreender o processo histórico por meio do qual, segundo Williams (1992), se desenvolveram na Europa três concepções bastante distintas de *cultura*: como estado mental desenvolvido, como processos de desenvolvimento e como estágios desses processos.

A primeira compreensão remonta a uma tradição mais simples de compreensão da *cultura* como cultivo, culto, até que, no século XVI, o vocábulo ganha o sentido de **cultivo do espírito**, mas ainda vinculado à ideia de cultivar. A segunda tem sua origem no século XVIII, cuja compreensão de cultura está vinculada à ideia de civilização e desenvolvimento do espírito intelectual por meio da razão. E a terceira, e mais recente, originada no século XX, que compreende a cultura como um conjunto de práticas, sejam elas voltadas ao desenvolvimento mental, sejam tomadas como modo de vida específico ou como o desenvolvimento de trabalhos e práticas intelectuais, principalmente das atividades artísticas como música, escultura, literatura etc. (Tavares, 2008).

Para Williams, de alguma forma há uma interconexão entre todas essas compreensões de cultura que foram gestadas ao longo do tempo. Isso ocorre por não ser possível negar que, por um lado, como afirmou Marx, há determinantes de uma superestrutura pautada nas relações de produção – sejam elas legais, sejam políticas – e que têm importante papel na formação da consciência do mundo, por exemplo, a concepção de cultura como resultado da civilização. Sob esse sentido, o determinismo cultural é assentado sobre a passividade humana e aceita o processo civilizatório cultural como natural para o desenvolvimento da sociedade.

Com base na compreensão de Marx – de que existe uma superestrutura de sentimentos, ilusões, hábitos de pensamento e concepções de vida de formas variadas e peculiares que se configuram com base nas condições sociais correspondentes –, abre-se a possibilidade para a compreensão da cultura como processo que ocorre por meio de uma série de atividades e práticas, no qual os homens entram em contato com o mundo e tomam consciência de suas contradições e seus conflitos e passam a lutar por sua transformação. Esse processo é dirigido para o âmbito das instituições sociais, no campo ideológico das formas de consciência, bem como no âmbito político e da própria cultura como um todo. A cultura, compreendida sob esse aspecto, vê o ser humano não como um ser passivo, mudo e determinado pela cultura e suas formas de consciência, mas como agente produtor destas, embora não seja possível negar os determinantes da superestrutura determinada. Mas é possível conceber também a ação de um sujeito ativo, que atua de forma dialética em meio às relações de produções.

Ao compreender a cultura como prática cultural de um modo de vida global e distinto, no qual é possível perceber um sistema de significações bem desenvolvido naquilo que lhe é essencial em todas as formas de atividade social, o pensador galês também compreende cultura em toda sua complexidade e extensão no sentido especializado, como atividade artística e intelectual tradicional, bem como desenvolvimento de práticas significativas como a linguagem, artes, filosofia, jornalismo e, até mesmo, publicidade e moda.

Em sua obra *Cultura*, Williams (1992) desenvolve uma longa análise das formas de produção e reprodução da cultura, entendida como atividade prática. Interessa-nos aqui discutir pontualmente dois aspectos que tratam de como o autor compreende a produção e a reprodução da cultura. Ele define duas áreas de estudo para explicar a questão da produção cultural: uma que trata das relações entre os meios materiais de produção da cultura e as formas sociais dentro das quais elas são produzidas por recursos que dependem exclusivamente dos meios físicos inatos e constitucionais humanos, tais como a poesia falada, o canto e a dança, e outra que trata das relações entre os meios materiais, as formas sociais e as formas específicas – artísticas – que constituem uma produção cultural manifesta e que dependem exclusivamente da transformação de objetos e energias materiais não humanos, como a pintura e a escultura.

Contudo, o modo de produção cultural mais visível é aquele que se dá explicitamente pela evolução, pelo uso e pela transformação de objetos e energias materiais não humanas, pelo fato de que as relações sociais e suas modificações se dão de forma mais visível do que as transformações do mundo material humano, no qual os processos de produção e reprodução da cultura não estão separados, pois não há uma clara distinção entres seus aspectos conscientes e inconscientes – por exemplo, no campo educacional, em que há eficientes tipos de reprodução cultural no interior dos processos de conhecimento. Uma cultura somente pode ser produzida se nela existirem mecanismos sociais e culturais de própria reprodução. Um desses mecanismos é a **temporalidade**, ou seja, a produção e a reprodução cultural precisa ser uma manifestação "datável", a fim de que se possa identificar o deslocamento de uma cultura para outra. Um segundo mecanismo é o da **evidência**, exceto nas formas abstratas e dogmáticas de cultura. O terceiro mecanismo determina que o processo cultural possa ser adequadamente **observável**. Por meio desses mecanismos conceituais, é possível estabelecer um distanciamento entre produção e reprodução cultural*, a fim de melhor compreender cada cultura (Williams, 1992).

Há duas formas privilegiadas de reprodução cultural. Uma é a educação, na qual os sistemas educacionais têm a pretensão de transmitir o conhecimento ou a cultura em seu sentido mais absoluto, mesmo que essa transmissão possa ser resultado de uma versão seletiva do conhecimento e da cultura organizadas no currículo escolar. É razoável, pois, em dado nível, falar do processo educacional geral como forma precisa de reprodução mais abrangente das relações sociais em vigor (Williams, 1992).

---

* É importante atentar para o conceito de *reprodução* que, ao longo do tempo, ficou com o sentido de *cópia*. Williams (1992) chama atenção para os sentidos mais comuns, por exemplo, das reproduções de obras de artes plásticas, que conferem à obra a qualidade de falsificação. Nesse caso, a obra reproduzida é falsa em comparação com a original; ou, como no sentido da reprodução biológica, significa reproduzir um indivíduo da mesma espécie e não uma cópia idêntica. O autor alerta que esses exemplos de uso do conceito não são adequados para pensar o sentido da reprodução cultural, muito embora em algum momento possam ser utilizados de forma análoga. A complexidade do conceito não permite que nos dediquemos a essa compreensão.

O processo de formação cultural apresenta uma relativa autonomia, na medida em que a educação é produção cultural atrelada a um sistema de reprodução daquilo que a sociedade seleciona, o que será transmitido às novas gerações e de que forma ocorrerá essa transmissão. Outra forma privilegiada de reprodução cultural se dá pela tradição como reprodução em ação. Nisso ela se assemelha à educação, que é uma seleção equivalente de conhecimento desejado e de modalidades de ensino de autoridade (Williams, 1992). Educação e tradição são formas eficientes de reprodução cultural. Embora distintas, a educação é muito eficiente na organização e na transmissão da tradição, uma vez que a escola tem na tradição um de seus pilares de manutenção e/ou transformação cultural, o qual se manifesta por meio de reproduções arraigadas na prática social escolar em que se estabelecem. Ora vemos a competição e a luta entre as tradições do passado e as tradições alternativas e até mesmo antagônicas, ora a retificação e a modificação do passado e suas continuidades possíveis e desejáveis.

No âmbito educacional, a lógica da competição é mediada e controlada pela autoridade institucional, que regula o acesso ao conhecimento e sua distribuição, dificultando enormemente o surgimento de uma tradição alternativa e contestadora (Williams, 1992). Mas, na cultura jovem, podemos dizer que há hoje algo de novo em relação a essa afirmação, se considerarmos o acesso dos jovens a uma nova forma de produção e transmissão cultural que ocorre por meio do acesso às TICs, ou seja, a posse de um novo tipo de capital cultural, que, em tese, possibilitaria outro tipo de acesso à cultura – por exemplo, aos livros, por meio de *e-books** disponíveis gratuitamente na internet – e a novas formas de disseminação do capital cultural.

---

* Termo de origem inglesa, *e-book* é uma abreviação para *electronic book,* ou "livro eletrônico": trata-se de uma obra com o mesmo conteúdo da versão impressa, com a exceção de ser uma mídia digital.

A experiência social não é completamente subjetiva, muito menos uma forma de vivência vaga, sem relação com o sistema social e, por isso, um objeto socialmente indeterminado. A experiência social é realizada pelos indivíduos por meio de muitos tipos de ação e suas lógicas combinadas, inscrevendo-se na objetividade do sistema social, ou seja, os elementos que compõem a experiência social são preexistentes aos atores ou lhes são impostos por meio da cultura, das relações sociais e dos constrangimentos ditados pela situação de competição e pela dominação. Isso não significa um retorno à sociologia clássica, pois "o ator constrói uma experiência que lhe pertence, a partir de lógicas de ação que lhe não pertencem" (Dubet, 1994, p. 140). Por isso, a experiência social é fruto da combinação subjetiva de elementos objetivos, ajustando diversos tipos de ação e suas lógicas. Sob esse aspecto, considera tanto os dados objetivos dos sistemas e suas lógicas quanto o dado subjetivo na construção da experiência social do sujeito.

3.4
Experiência social dos sujeitos do ensino médio

Os sujeitos do ensino médio organizam sua experiência social pautados nas lógicas da integração, da estratégia e da subjetivação, o que faz com que essa experiência ocorra de forma bastante intensa e heterogênea. Ao participar do processo de escolarização formal e não formal, ao atuar em atividades familiares e culturais, como cinema, vídeo, dança, música, teatro, literatura, esportes, artesanato, artes plásticas, religião etc. e, ainda, ao envolver-se no mundo do trabalho e do consumo, esses sujeitos nos indicam a intensidade de suas experiências sociais produzidas nas mais diferentes lógicas de ação social.

Com a crise da modernidade e o advento da pós-modernidade, a escola parece ter perdido o monopólio da transmissão cultural, e a educação escolar tende a transformar-se em uma cultura entre tantas outras. A escola já não exerce o monopólio do processo de socialização. Há outros espaços de trocas culturais e sociais onde o jovem tem acesso à cultura e à socialização. Mas algo importante pode ser observado aqui: na sociedade dita *pós-moderna*, o processo de socialização e acesso à cultura passa a ser mediado pela cultura do espetáculo e pelo consumo de massa, o que pode ocorrer mesmo na escola.

A ineficácia e os limites da ação socializadora e transmissora da cultura realizada pela escola não podem ser desconsiderados. Estão aí as pesquisas educacionais evidenciando, sempre, o fracasso do estudante, focalizando a precariedade e a inadequação da escola. As propostas pedagógicas das escolas não estão voltadas para as experiências do estudante trabalhador, consumidor e internauta*, o que explicita a distância entre a escola e o mundo do trabalho, do consumo e das TICs, pois, quando as escolas são organizadas com base na clássica separação entre teoria e prática – modelo de sustentação da estratificação social –, a permanência dessa situação afasta o estudante da escola, e isso, por sua vez, pode distanciá-lo do mercado de trabalho.

Atualmente, o uso das TICs na educação é fortemente incentivado por programas e políticas governamentais, que visam diminuir os índices de exclusão digital e fazem aumentar o faturamento das empresas de tecnologia, ávidas pelos lucros que podem significar o volume de vendas para o governo.

Precisamos considerar que, ao mesmo tempo que é importante para o desenvolvimento e avanço dos processos de ensino e aprendizagem, o uso dessas novas tecnologias impõe aos sujeitos do ensino médio novas formas de interação social e novos modos de se relacionar com

---

* Categorização proposta por Oliveira (2012).

o conhecimento. Impõe à escola, portanto, novas formas de socialização que são exteriores a ela, pautadas em modelos de relações sociais individualistas, fundadas na lógica do capitalismo.

> *Uma força de trabalho aparentemente estimulada pelo novo trabalho informático-mental a manifestar sua criatividade subjetiva (mas, na verdade, subordinada a um sistema de códigos e de funções impostos de fora à sua mente, já que situados na mente artificial da máquina de informação gerida de modo capitalista).* (Finelli, 2003, p. 103)

Os artefatos tecnológicos são também produtos da sociedade de consumo, impondo aos sujeitos uma forma de relacionamento com as TICs baseada na prática do consumo de produtos eletrônicos e suas facilidades. Além disso, o uso das TICs não possibilita aos seus usuários os conhecimentos necessários para a compreensão do funcionamento interno dos artefatos tecnológicos. Saber operar é o suficiente para utilizar, não sendo necessário saber como se dá o funcionamento, muito menos as consequências do seu uso – físicas ou psicológicas –, em função do tipo de interação social a que o usuário estará submetido. "Adolescentes, jovens, adolescência, juventude, geração *teen*, estudantes, ninfetas, consumidores jovens, geração *shopping center*, geração 'ficam com', *teenagers*" (Fischer, 1996, citado por Oliveira, 2008, p. 41, grifo do original).

As questões decorrentes da categorização da geração *teen* levam-nos ao problema fundamental do processo de formação idealizado pela modernidade, a saber, a autonomia do sujeito diante do mundo. Essas questões podem ser formuladas da seguinte forma: a) Qual é a influência da sociedade de mercado no processo de socialização dos sujeitos, que agora, de certa forma, são homogeneizados pelos meios de comunicação de massa? b) São os meios de comunicação de massa que geram no indivíduo uma compulsão cega pelos bens de consumo ou são os próprios indivíduos que buscam os bens de consumo pelo prazer que eles proporcionam, seja pelo *status* social que confere aos consumidores, seja pela satisfação da necessidade psicossocial de ser reconhecido no grupo? (Oliveira, 2008).

De um modo ou de outro, o certo é que o sujeito nessa condição se encontra refém dos mecanismos do *marketing* da sociedade de mercado ou dos próprios mecanismos internos da busca pelo prazer hedonista e pelo reconhecimento de sua identidade no grupo que se concretiza por meio do consumo no mercado.

A grande mola propulsora da sociedade de consumo é a promessa de felicidade imediata produzida pelas peças publicitárias, que têm nesse mecanismo sua principal estratégia de *marketing*, e que, de forma homogeneizadora, anunciam aos consumidores o acesso imediato ao prazer e à vida feliz, como se o produto vendido contivesse uma fórmula mágica capaz de mudar a vida das pessoas de uma hora para outra e sem consequência alguma.

São homogêneos os apelos da mídia ao hedonismo, ao lazer constante como estilo de vida, aos relacionamentos fúteis e descartáveis, à cultura dos esportes radicais e à "biossociabilidade" como critérios de pertencimento, frequentemente demarcados por características corporais, índices aceitáveis de colesterol, consumo e evitação de determinados tipos de alimento, adesão a práticas ascéticas e religiosas e realização de modificações corporais, seja por meios naturalistas, seja por meios artificiais, como cirurgias plásticas com finalidades puramente estéticas etc. (Oliveira, 2008).

Outra característica importante para compreendermos a cultura jovem na sociedade de consumo está na categoria que Oliveira (2008, 2012) denomina *nomadismo*. Essa categoria ganha sentido para explicar as novas maneiras como os jovens ocupam e ressignificam os espaços urbanos – e em alguns casos, rurais – sob uma nova lógica comunicacional que revela como eles exercem o domínio sobre o espaço e o tempo e de como tal processo contribui para a construção da subjetividade juvenil. De acordo com o autor, "para esses jovens contemporâneos, o que estaria em jogo seriam as possibilidades de ocupação e reconstrução dos locais sancionados, transformando e modificando a sua territorialidade instituída" (Oliveira, 2008, p. 80).

Para o autor, a lógica de reconfiguração dos espaços pode ser observada também no interior das escolas, onde a rigidez institucional dos espaços escolares é subvertida pelos jovens como forma de subverter também as práticas normativas institucionais sancionadas. Tal nomadismo, de certo modo, também contribui para a homogeneização da cultura jovem, uma vez que está inserido na mesma lógica da sociedade de consumo e dos processos de reconhecimento pelo grupo ao ressignificarem os espaços de acordo com a lógica do consumo para o prazer. Quais são as consequências desses mecanismos da sociedade de consumo na constituição da cultura jovem, especialmente dos estudantes do ensino médio?

Oliveira (2008, 2012) categoriza a constituição da cultura jovem sob influência da sociedade de consumo de duas formas: os jovens que têm acesso ao consumo e os jovens que dele são privados ou sofrem restrições por motivos econômicos.

A primeira forma pode ser sintetizada pela categoria daqueles que têm acesso ao consumo irrestrito de bens e serviços. São geralmente os adolescentes e jovens que pertencem às chamadas *classe média, classe média alta* e também aqueles que têm grande poder aquisitivo. Quais seriam as características intrínsecas desse jovem consumidor? Primeiro, que ele deve se deixar ser seduzido pelo *marketing* dos produtos; deve estar completamente absorvido pela flexibilização das relações de trabalho na sociedade capitalista; por fim, ser adepto da moral das sensações hedonistas e avesso aos projetos que exigem grandes esforços e só podem ser atingidos em longo prazo. "Ser um consumidor significa [...] estar sempre à espera da próxima novidade, atento às informações impressas, virtuais ou televisivas sobre novos produtos, diferentes lugares para se frequentar, lançamentos musicais para 'curtir'" (Oliveira, 2008, p. 86-87).

Essas são características importantes a serem consideradas na constituição das subjetividades dos adolescentes e jovens, e podemos estendê-las para os sujeitos do ensino médio, uma vez que a cultura do consumo permeia a vida cotidiana dos sujeitos, tanto nos espaços institucionais quanto nos não institucionais.

Por outro lado, como não é possível que as ações sociais dos jovens ocorram de modo homogêneo, Oliveira (2008) apresenta a segunda categoria do jovem consumidor: os que não têm acesso ao consumo ou os que o têm de forma restrita por questões econômicas, portanto, em uma relação contraditória com a sociedade de consumo, ou seja, pela negação do direito de consumir de milhares de jovens, que, por não terem o mesmo acesso possibilitado às classes mais abastadas, veem se obrigados a reinventar o próprio mercado de consumo por meio de "festas *funk*, rodas de pagode, grupos de *hip-hop*, campeonatos de *games* 'piratas' na casa de amigos, encontros para cantar em *karaoquês* na casa de amigas, visitas a *cibers* para bate-papos virtuais etc." (Oliveira, 2008, p. 88, grifo do original).

De forma contraditória, ou seja, pela negação, o acesso dos jovens pobres à sociedade de consumo se dá pela negação ao consumo refinado dos jovens das classes média e alta. De acordo com o autor citado, isso não significa que os "jovens pobres" – das periferias, das comunidades dos centros da cidade e do campo – não vivam, em seu cotidiano, as mesmas interações da sociedade de consumo que os "jovens ricos", não se reconhecendo como pobres e excluídos da sociedade de consumo, pois existem mecanismos que mascaram a realidade e colocam a noção de pobreza e miséria como sendo situações existentes apenas em outros (e distantes) lugares.

Embora não tenham acesso ao consumo de produtos e serviços de alta qualidade, os jovens da periferia, das comunidades pobres dos centros das cidades e também das zonas rurais recebem os mesmos estímulos do *marketing* da sociedade de consumo, pelos meios de comunicação de massa, e também realizam suas atividades de lazer e consumo, desenvolvendo, assim, as mesmas interações realizadas pelos demais grupos de jovens pautadas na estética comunicacional da busca do prazer hedonista. Mas, diferentemente das classes abastadas, os jovens pobres vivem essa experiência de forma quase virtual, como um simulacro da realidade vivida pela outra classe. Daí a forma como criativamente reinventam o lazer, por meio de bailes *funk*, rodas de pagode, encontros de *hip-hop*, do consumo de bebidas e drogas alucinógenas de "baixa qualidade" e de inúmeros produtos "piratas", como tênis de marcas famosas, roupas, *games*, CD/DVD de músicas etc. Tal contradição reforça a tese de que a sociedade de consumo exerce uma força excepcional na constituição da cultura do jovem, seja ele rico, seja pobre, e que, de certo modo, produz a cultura jovem pautada no consumo.

A realidade virtual está fortemente presente no cotidiano dos jovens e é instrumentalizada e desenvolvida especialmente por meio do acesso às TICs, materializadas especialmente na internet e em dispositivos móveis de telefonia. Estes são também produto da sociedade de consumo e exercem um papel à parte na constituição da cultura do jovem, em especial dos sujeitos do ensino médio. "Nesse jogo o controle remoto é nosso instrumento de escolha. [...] O mundo todo e toda a realidade são apresentados no vertiginoso ritmo do videoclipe" (Cerletti; Kohan, 1999, p. 38). "A internet e seus dispositivos, ao terem-se popularizado na última década, com suas plataformas virtuais de comunicabilidade, blogs, comunidades virtuais, sites de busca e postagem de arquivos audiovisuais etc." (Oliveira, 2012, p. 16), passaram a influenciar toda uma geração.

A questão a ser problematizada é a grande transformação tecnológica e cultural ocorrida com a inserção das novas TICs tanto na vida cotidiana dos estudantes quanto no cotidiano escolar. Ao mesmo tempo em que as TICs nos colocam diante de novos problemas referentes às novas interações sociais e culturais entre os sujeitos, especialmente os sujeitos do ensino médio, estabelecem também uma nova relação com os modos de produção e transmissão do conhecimento na escola e fora dela.

Quando nos conectamos com a *web*, conectamo-nos a uma dimensão da realidade virtual que não se opõe à realidade concreta, uma vez que necessita da ação externa do sujeito para ser operacionalizada, diferentemente de espaços da realidade concreta, que existem independentemente dos sujeitos. Desse modo, uma das características do espaço virtual é que ele existe sem território, mas sua existência depende da ação exterior dos sujeitos sobre o ambiente virtual. É o que conhecemos como *ciberespaço* (Oliveira, 2012). "Eu defino *ciberespaço* como o espaço de comunicação aberto pela interconexão mundial dos computadores e das memórias dos computadores" (Lévy, 2008, citado por Oliveira, 2012, p. 72, grifo nosso).

A questão à qual se refere a problematização da realidade virtual apropriada e desenvolvida pelos estudantes é que, ao fazer uso das TICs, esses sujeitos passam a utilizar novas mediações no processo de interação social entre indivíduo e sociedade. Essas mediações são importantes no que diz respeito à forma como o indivíduo se relaciona com o conhecimento, seja por meio da aquisição e da ressignificação, seja por meio da produção do próprio conhecimento.

Essa problemática remete à questão da exclusão digital, em consequência da qual é negado, à grande maioria dos jovens, o acesso às TICs; e mesmo quando esse acesso é possível – seja por meio de computadores acessíveis em escolas e *lan houses*, seja mediante dispositivos móveis de telefonia celular –, os jovens, em geral, não as utilizam com a finalidade de obter informações culturais e produzir conhecimentos necessários à cidadania plena.

O distanciamento entre o estudante e a escola e, consequentemente, seu afastamento do mundo do trabalho, é produzido na medida em que os sujeitos não encontram nos conteúdos escolares o mesmo sentido que para ele fazem os conteúdos aprendidos fora da escola. Enquanto o processo de ensino e aprendizagem escolar exige dos estudantes o domínio das informações e do método necessários para a produção do conhecimento, o que ocorre de forma demorada, fora da escola o mercado de trabalho exige uma aprendizagem breve de procedimentos e técnicas de produção e oferece rápido retorno remuneratório pela produção alcançada (Charlot, 2000).

O ideal seria que o estudante aprendesse com a continuidade e a descontinuidade, conjugando o que a escola ensina ao que se aprende fora dela, no mundo do trabalho, do mercado consumidor e das TICs. Mas, em geral, não é isso que ocorre. Como não encontram sentido nos conteúdos escolares, que são desvinculados de seus horizontes de sentido cultural, muitos sujeitos do ensino médio assumem a única forma de resistência possível que lhes resta: negar o saber da escola por meio da violência ou da evasão, ou seja, "os estudantes não estão dispostos a estarem na escola e, se o fazem, tal permanência se dá com hostilidade, ao demonstrarem todo o aborrecimento que possuem diante da figura do professor" (Oliveira, 2008, p. 20). Os estudantes não estão "naturalmente" dispostos a fazer o papel de estudante. Dito de outra forma, para começar, a situação escolar é definida pelos estudantes como uma situação não de hostilidade, mas de resistência ao professor (Dubet, 1997).

O processo de interação entre os sujeitos no interior das escolas faz surgir outra cultura em oposição à cultura institucional, quase sempre massificada, da escola. Essa nova cultura do jovem traz elementos da família, da mídia, das TICs e da rua como uma nova forma de socialização e aprendizagem, decorrente principalmente das relações de amizade, e acaba interferindo na escola, por meio dos processos de socialização que são diferentes dos mecanismos de sociabilidade nos estabelecimentos de ensino. Tais processos podem trazer para a escola a possibilidade de trabalho com as novas tecnologias educacionais, mas também o racismo, o preconceito, os elementos patriarcais e machistas da cultura, e, ainda, práticas discriminatórias e violentas. "Se as relações entre as formas de socialização se estreitam e produzem nova sociabilidade, é preciso considerar que a vida escolar exige um conhecimento mais denso dos sujeitos – nesse caso, adolescentes e jovens – que ultrapasse os limites de sua vida na instituição" (Sposito, 2004, p. 87).

Síntese

Neste capítulo, vimos que, para compreender o sujeito do ensino médio, é necessário, antes, compreender as diferentes lógicas de sua experiência social. Para isso, é preciso analisar a juventude inserida no processo de transformação da escola, do mundo do trabalho, do consumo e das tecnologias da informação e comunicação (TICs) sob a ótica dos movimentos sociais e culturais. Segundo Dubet (1994), podemos entender o sujeito social na medida em que compreendemos que ele se produz na experiência social.

Vimos, ainda, que existem ao menos três lógicas que regem a experiência social dos sujeitos: lógica da identidade integradora, lógica da estratégia e lógica da subjetivação. Os estudantes de ensino médio, ao organizar sua experiência social orientados por essas três lógicas, organizam-na de forma bastante heterogênea, ou seja, ao participarem do processo de escolarização formal e não formal, ao atuarem em atividades familiares e culturais – como cinema, vídeo, dança, música, teatro, literatura, esportes, artesanato, artes plásticas, religião etc. – e, ainda, ao envolverem-se no mundo do trabalho e do consumo, indicam-nos a intensidade de suas experiências sociais produzidas nas mais diferentes lógicas de ação social. Compreendemos, sobretudo, que a contraditoriedade do cotidiano escolar e das relações estabelecidas pelos sujeitos nele envolvidos exige, daquele que se dispõe a compreendê-lo, ampliar a investigação para além do espaço escolar, de modo a compreender, por exemplo, como os sujeitos do ensino médio reagem diante da influência da publicidade e da propaganda veiculadas pela mídia na sociedade de mercado e no modo como fazem uso das TICs, tanto no processo de produção e aquisição do conhecimento quanto no estabelecimento de suas relações e interações sociais.

Indicações culturais

Filme

> Pro dia nascer feliz. Direção: João Jardim. Brasil: Copacabana Filmes, 2006. 88 min. Documentário.
>
> Importante registro de como os jovens de diferentes regiões brasileiras e distintas classes sociais se relacionam com a escola, *Pro dia nascer feliz* trata de temas como a cultura dos jovens, seus sonhos, angústias e desafios.

Site

> DAYRELL, J.; CARRANO, P.; MAIA, C. L. (Org.). **Juventude e ensino médio**. Belo Horizonte: Ed. UFMG, 2014. Disponível em: <http://educacaointegral.org.br/wp-content/uploads/2015/01/livro-completo_juventude-e-ensino-medio_2014.pdf>. Acesso em: 1º fev. 2017.
>
> Essa obra analisa o conceito de diferentes juventudes do ensino médio na perspectiva dos movimentos sociais.

Atividades de autoavaliação

1. Marília Sposito (2004), pesquisadora da categoria *juventude*, compreende-a sob o ponto de vista da transformação da escola, do mundo do trabalho, do consumo etc., ou seja, aponta que, na ótica dos movimentos sociais e culturais, o que define a juventude é sua experiência social. De acordo com o que estudamos no capítulo, para compreender os sujeitos do ensino médio, precisamos:
    a) analisar a força socializadora exercida pela experiência social sobre esses jovens, como o trabalho, a classe social, o gênero, a religião, a vida urbana ou a rural, a etnia etc.

b) captar isoladamente sua identidade, uma vez que cada grupo tem de ser analisado separadamente.
c) compreender a juventude somente no âmbito da cultura.
d) fazê-lo com base na linearidade das teorias e áreas do conhecimento que estudam a juventude.

2. De acordo com Oliveira (2008, 2012), a investigação sobre a categoria *juventude* exige que se faça uma distinção entre adolescentes e jovens. Identifique entre as alternativas a seguir a que apresenta os conceitos compatíveis com as categorias estudadas no capítulo:

a) Os estudos sobre a categoria juventude foram iniciados por estudiosos da educação preocupados com o desenvolvimento psicológico dos adolescentes.
b) Embora não seja possível estabelecer uma idade cronológica definida para distinguir a adolescência da juventude, é possível identificar a primeira com a crise de identidade e com a dificuldade de integrar as diversas imagens que se tinha de si na infância com a nova autoimagem, pela qual se passará a ser reconhecido pelo grupo.
c) Os estudiosos da psicanálise dão ênfase à juventude, período no qual o jovem experimenta a emergência da sexualidade, evidenciada especialmente pelas mudanças que acontecem em seu corpo e psiquismo e pela experimentação de conflitos e turbulências psíquicas, na busca de construir uma nova imagem de si e sua representação diante do grupo.
d) A adolescência é um período de turbulências e instabilidades emocionais e comportamentais e, em certa medida, isso dificulta a convivência do adolescente nos grupos sociais do qual participa, especialmente na escola com seus professores.

3. De acordo com Dubet (1994), em uma sociedade marcada pela diversidade cultural e social e suas mais diversas formas de conflito, o sujeito não pode ser compreendido sob uma única lógica de ação programada e determinada. Tendo isso em mente, podemos dizer que:

   a) a categoria central para analisar a ação social do sujeito é a experiência social.

   b) a categoria central para analisar a ação social do sujeito é a instituição social.

   c) a categoria central para analisar a ação social do sujeito é a identidade.

   d) a categoria central para analisar a ação social do sujeito é a subjetividade.

4. De acordo com o que estudamos neste capítulo, ao participar do processo de escolarização formal e não formal, ao atuar em atividades familiares e culturais, como cinema, vídeo, dança, música, teatro, literatura, esportes, artesanato, artes plásticas e religião, e, ainda, ao envolver-se no mundo do trabalho e do consumo, os sujeitos do ensino médio indicam a intensidade de suas experiências sociais produzidas nas mais diferentes lógicas de ação social. Sobre isso, podemos afirmar que:

   a) os sujeitos do ensino médio organizam sua experiência social pautados nas lógicas da ciência, da cultura e da arte.

   b) os sujeitos do ensino médio organizam sua experiência social pautados nas lógicas da integração, da estratégia e da objetivação.

   c) os sujeitos do ensino médio organizam sua experiência social pautados nas lógicas da religião, da sociedade e da cultura.

d) os sujeitos do ensino médio organizam sua experiência social pautados nas lógicas do mercado, da instituição e da escola.

5. De acordo com Charlot (2000), enquanto o processo de ensino e aprendizagem escolar exige dos estudantes o domínio das informações e do método para a produção do conhecimento, o que ocorre de forma demorada, fora da escola o mercado de trabalho exige uma aprendizagem rápida de procedimentos e técnicas de produção e oferece rápido retorno remuneratório pela produção alcançada. De acordo com o que estudamos no capítulo, podemos afirmar:
   a) O processo de interação entre os sujeitos no interior das escolas faz surgir uma cultura escolar diversificada.
   b) Como não há interação entre os sujeitos no interior das escolas, surge uma cultura homogênea institucionalizada.
   c) O processo de interação entre os sujeitos no interior das escolas faz surgir outra cultura em oposição à cultura institucional, quase sempre massificada, da escola.
   d) O processo de interação entre os sujeitos no interior das escolas não possibilita o surgimento de outra cultura que não seja a escolar e institucional.

Atividades de aprendizagem

Questões para reflexão

1. Faça uma pesquisa a respeito dos movimentos sociais juvenis existentes hoje no Brasil, buscando dados como em que campo atuam e quais são suas defesas e preocupações, além de procurar obter informações sobre qual(is) é(são) a(s) juventude(s) que deles participam. Depois, responda, pensando sobre como os movimentos

sociais juvenis estão presentes nas escolas de ensino médio no Brasil, e com base em sua pesquisa, se você considera que a escola acolhe as demandas desses movimentos sociais. Explique seu argumento.

2. Com base na pesquisa realizada na questão anterior, identifique as principais juventudes existentes em sua região e as semelhanças e as diferenças entre essas juventudes e as de outras regiões do Brasil.

Atividade aplicada: prática

Com base no conteúdo estudado neste capítulo, elabore um roteiro de entrevista a respeito do que o jovem pensa de sua escola. Procure focar as questões nas preocupações do jovem a respeito de sua formação escolar e sua futura atuação no mundo. Depois, convide um ou mais estudantes do ensino médio para realizar essa entrevista. Se possível, registre as respostas e analise-as posteriormente à luz da sociologia da experiência.

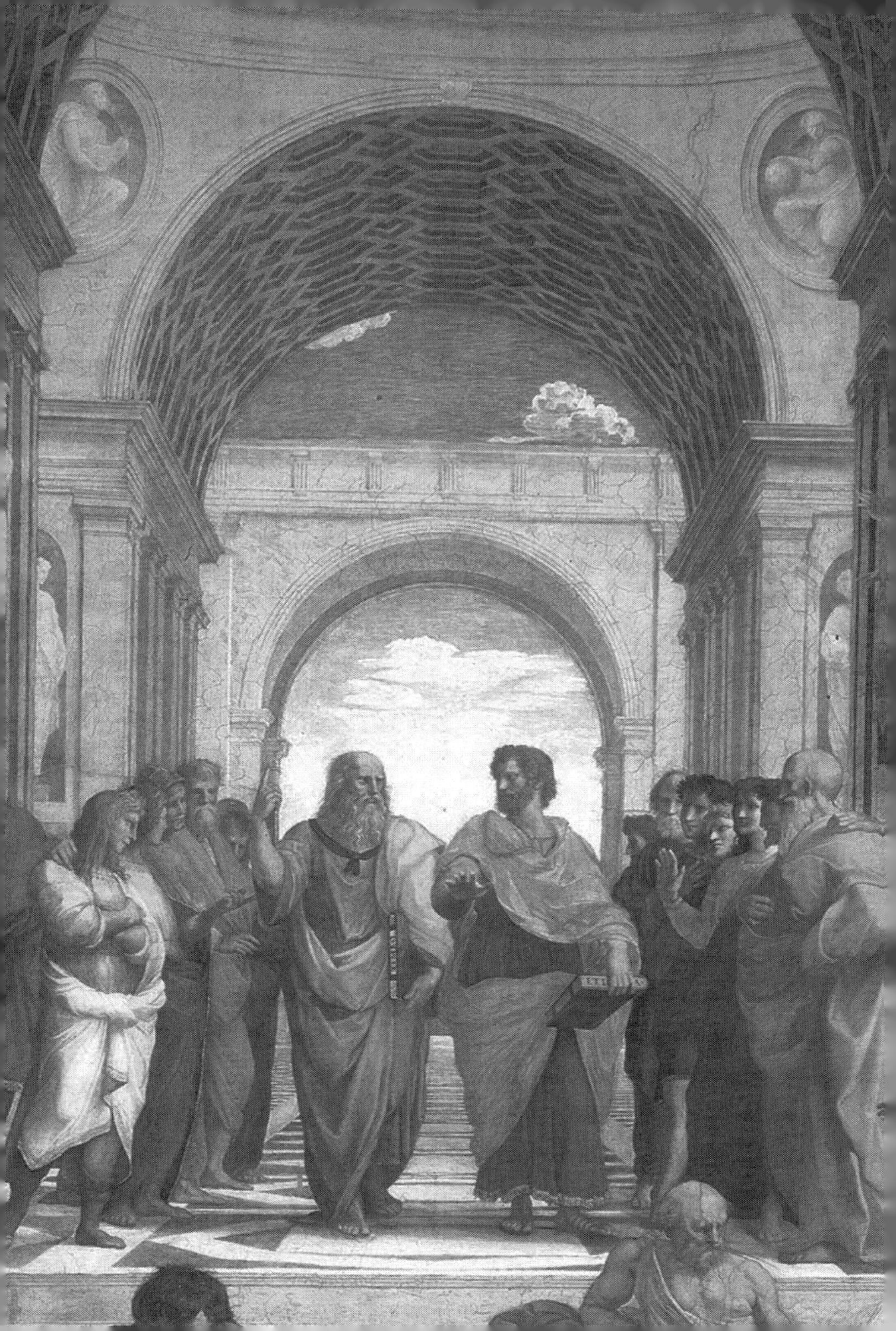

4

Cotidiano escolar e aprendizagem filosófica

Neste capítulo, analisaremos o cotidiano escolar do ensino de filosofia e, para isso, tomaremos como referência a categoria vida cotidiana de Heller (2004) e os estudos etnográficos de Rockwell e Ezpeleta (1989) sobre o cotidiano escolar. Antes, contudo, precisamos compreender o cotidiano escolar como uma totalidade formada por muitas esferas da vida cotidiana. Na compreensão de Heller (2004), o ser social se autoproduz na vida cotidiana e, por isso, sua história é resultado desta. O processo de ensino e aprendizagem é produzido e reproduzido no cotidiano escolar por meio de indivíduos particulares, que se relacionam entre si em dimensões mais amplas da vida cotidiana, as quais extrapolam o próprio cotidiano escolar. Para melhor compreender esse processo, vamos investigar o cotidiano escolar do ensino médio e as diferentes dimensões que o integram, como as políticas educacionais, a função social da escola, a concepção de cultura e de cultura escolar, a concepção de trabalho docente e de trabalho docente do professor de filosofia.

4.1
Cotidiano como categoria para compreender a escola

É possível pensar a construção de cada escola imersa num movimento histórico amplo, mas sem perder de vista que cada instituição de ensino é uma versão única nesse movimento e constitui o cotidiano escolar pela experiência dos sujeitos (Rockwell; Ezpeleta,1989).

O cotidiano pode parecer, à primeira vista, uma "soma de insignificâncias" (Azanha, 1992, p. 62), pequenos episódios sem cor, marcados pela monotonia das repetições, mas em que é possível definir, por detrás dessa aparente irrelevância, alguns pontos que, conjugadamente, nos conduzem a considerar a importância do cotidiano para a investigação numa perspectiva de busca da compreensão da totalidade da educação.

"O problema da possibilidade de um estudo da vida cotidiana é, no fundo, o da própria possibilidade de uma totalidade revelar-se por alguma de suas partes" (Azanha, 1992, p. 74-82). O que importa ao pesquisador é encontrar o fio condutor que estabelece a ligação e a continuidade entre a multiplicidade de aspectos da vida cotidiana, o que permite a compreensão daquilo que, aparentemente, é um caos. A totalidade não é a soma das partes, mas a compreensão global do cotidiano. "Na busca teórica que apoia esta construção, a unicidade da realidade em estudo coloca o desafio de apreender analiticamente o que a vida cotidiana reúne" (Rockwell; Ezpeleta, 1989).

De acordo com Santos (1999), a totalidade é uma fecunda categoria para análise da realidade. "Todas as coisas presentes no universo formam uma unidade. Cada coisa nada mais é que parte da unidade, do todo. Mas a totalidade não é a simples soma das partes. As partes que formam a totalidade não bastam para explicá-la" (Santos, 199, p. 93). É na relação das partes com o todo e do todo com as partes, então, que compreendemos essa totalidade. "As próprias partes de que se compõe a totalidade da vida cotidiana estão em fluência e por isso mesmo em nenhum momento se pode concebê-la como algo estático e acabado" (Azanha, 1992, p. 115).

A categoria *totalidade* pode nos ajudar a pensar o lugar da filosofia no currículo do ensino médio, pois nos move a considerar todas as coisas como partes de um todo e a ponderar que, por isso mesmo, somente na relação com o todo é que podemos compreendê-las. Assim, poderíamos dizer que a educação é parte de um todo, ou que o ensino médio é parte de um todo, ou que a filosofia, no currículo do ensino médio, é parte de um todo, mas todas são partes que se relacionam entre si.

Por outro lado, podemos considerar cada uma das partes como um todo. Assim, a totalização será sempre parcial na medida em que contribui para a compreensão do todo, mas só pode ser compreendida por meio de sua vinculação com o movimento totalizador.

Nesse sentido, a investigação do cotidiano escolar do processo de ensino e aprendizagem da Filosofia no ensino médio é de fundamental importância para a compreensão de como os sujeitos recebem essa disciplina em sala de aula e que atitudes filosóficas eles desenvolvem.

Analisamos a categoria *cotidiano escolar* aqui com base na teorização sobre a vida cotidiana (Heller, 2004, 2002). O homem produz e se autoproduz na vida cotidiana e, ainda, reproduz a própria sociedade e a história. Os sujeitos, por sua vez, participam da produção da escola e a escola reproduz os sujeitos. Sob essa compreensão, podemos dizer que qualquer uma das partes da vida cotidiana, mesmo que aparentemente fragmentária e imediata, faz parte da vida concreta.

Precisamos compreender, então, que o método de análise e compreensão da vida cotidiana estuda o ser humano particular concreto e as mediações que ele utiliza para elevar-se da vida cotidiana ao ser humano genérico. Além disso, o cotidiano escolar como categoria de análise não se apresenta imediatamente à nossa compreensão, mas somente de forma mediada, por isso é necessário entender suas esferas de organização e mediação.

A escola, como lugar de ensino e aprendizagem, é produzida por indivíduos particulares que se relacionam entre si em dimensões mais amplas da vida cotidiana, que extrapolam o próprio cotidiano escolar. A história sustenta-se no fato de que a sociedade é produzida por seres humanos particulares que, no conjunto de suas ações de produção na vida cotidiana, criam as condições da reprodução social. A sociedade existe porque cada homem particular se reproduz a si mesmo na vida cotidiana. Todo ser humano particular, qualquer que possa ser o lugar que ocupa na divisão social do trabalho, tem uma vida cotidiana, que "é a vida de todo homem. Todos a vivem, sem nenhuma exceção, qualquer que seja seu posto na divisão do trabalho intelectual ou físico" (Heller, 2004, p. 17).

Isso não significa dizer que o conteúdo da vida cotidiana de uma escola é o mesmo em todas as escolas, já que em cada uma delas há sujeitos particulares, vivendo suas vidas concretas e com suas especificidades. De acordo com Heller (2002), a reprodução do ser humano particular e a reprodução do ser humano concreto ocupam um lugar determinado na divisão social do trabalho. Na vida cotidiana de cada homem, são pouquíssimas as atividades que ele tem em comum com outros; além disso, estas somente são idênticas num plano abstrato, como as atividades de alimentar-se, dormir, ter filhos – necessidades que ligam o ser humano ao mundo natural. Todos os seres humanos têm essas necessidades, mas as formas particulares como as realizam é um acontecimento social concreto (Heller, 2004, p. 37). Os homens particulares só podem reproduzir a sociedade se se reproduzirem como homens particulares. Do mesmo modo, na escola há necessidade de ensinar e aprender, mas como isso é realizado em cada estabelecimento de ensino é um acontecimento social, concreto e específico.

Mas qual é a validade de se estudar a escola pela observação do seu o cotidiano se cada escola se reproduz como particular?

Se examinarmos o conteúdo da vida cotidiana de cada estabelecimento de ensino, podemos identificar suas características mais comuns, ao mesmo tempo que chegaremos à conclusão de que essas instituições são totalmente diferentes umas das outras. E se, de acordo com Heller (2002), analisarmos a relativa continuidade que há no cotidiano escolar, chegaremos à conclusão de que a vida cotidiana também tem uma história. Assim, a vida cotidiana é um espelho da história e as mudanças são determinadas pelo seu modo de produção. Portanto, sob esse aspecto, "a vida cotidiana é o fermento secreto da história" (Heller, 2002, p. 39), por meio do qual podemos compreender o conteúdo da continuidade existente entre muitas de nossas escolas.

Ainda com base em Heller (2002), podemos afirmar que a reprodução do sujeito da aprendizagem se desenvolve na esfera da vida cotidiana escolar, embora esta não esgote todas as atividades socializadoras desse sujeito, já que existem outras atividades mediadoras da socialização das quais ele participa – como dormir, comer, reproduzir-se –, consideradas atividades cotidianas. Contudo, nem todas as mediações entre o sujeito e a sociedade são cotidianas, pois a vida cotidiana não se esgota nesse papel de mediação, já que são cada vez mais crescentes as atividades relacionadas somente com a sociedade.

A vida cotidiana é a reprodução do ser humano particular, mas o que significa dizer que esse ser particular se reproduz na vida cotidiana? "O indivíduo é sempre, simultaneamente, ser particular e ser genérico" (Heller, 2002, p. 20). O que caracteriza essa particularidade e genericidade é a unicidade e irrepetibilidade do indivíduo social como fato ontológico fundamental, que cria a possibilidade da reprodução social e toda reprodução que ultrapassa a imediaticidade da vida cotidiana, superando-a e elevando o indivíduo ao ser genérico. Isso significa dizer que o ser humano nasce num mundo já existente, determinado, com condições sociais concretas, com instituições concretas. É desse mundo e de seus sistemas de expectativas que ele deve se apropriar na sociedade estratificada, razão por que a reprodução do ser humano particular é também a reprodução do ser humano histórico no mundo concreto. A vida cotidiana não está "fora" da história, mas no "centro" do acontecer histórico: é a verdadeira "essência" da substância social, na qual o indivíduo só é percebido na sua singularidade, mas é coparticipante do ser humano-genérico, uma vez que este se encontra em potência no indivíduo singular. É válido dizer, ainda, que a elevação do indivíduo singular ao humano-genérico é um fato excepcional, que não se realiza com a maior parte dos indivíduos.

Mas o que caracteriza de fato o humano-genérico?

"Também o genérico está 'contido' em todo homem, e, mais precisamente, em toda atividade que tenha caráter genérico, embora seus motivos sejam particulares" (Heller, 2004, p. 21).

O nascimento da individualidade acontece à medida que o ser humano se torna indivíduo, ao mesmo tempo que produz uma síntese em seu "eu" e transforma conscientemente os objetivos e as aspirações sociais em objetivos e aspirações particulares suas e, assim, socializa sua particularidade. "Com efeito, a individualidade humana não é simplesmente uma 'singularidade'. Todo homem é singular, individual-particular, e, ao mesmo tempo, ente humano-genérico" (Heller, 2004, p. 80). É por meio desse movimento dialético entre sua particularidade e sua elevação ao humano-genérico que o ser humano se torna indivíduo e constrói sua identidade por meio de sua atividade social. Com isso, o ser humano particular está preservado, uma vez que sua individualidade não é violentada pela sociedade ou por esferas que estão acima de sua vida cotidiana, não havendo, portanto, contradição entre indivíduo e comunidade. Isso porque é em meio às contradições axiológicas, com as quais o indivíduo se depara na sociedade, que podem ser explicitadas suas capacidades e possibilidades, por meio das quais sua individualidade pode se desenvolver.

No cotidiano escolar, estudante e professor se autoproduzem à medida que vão adquirindo capacidades práticas e habilidades sem as quais não conseguiriam permanecer. Assim, o estudante assimila as formas e os sistemas de comunicação com os demais sujeitos – colegas, professores, funcionários etc. –, aprende as regras, os sistemas de sanções, punições e premiações e, inclusive, os mecanismos que lhe permitem burlar as regras. O estudante se autoproduz na vida cotidiana, uma vez que se torna capaz de "dominar, antes de mais nada, a manipulação das coisas (das coisas, certamente, que são imprescindíveis para a vida cotidiana em questão)" (Heller, 2004, p. 19). Daí a importância da repetição para que se constitua o processo de assimilação. É aquilo que o sujeito faz sem pensar que está fazendo, pois já assimilou aquele costume ou comportamento espontâneo, ou seja, é um ato repetitivo e automático, como o hábito de copiar os conteúdos que o professor escreve na lousa, responder à chamada, sentar às carteiras dispostas em filas na sala de aula, pedir licença para sair da sala etc.

A repetição realizada de forma espontânea tem como objetivo a satisfação imediata das necessidades da vida cotidiana, que não são planejadas racionalmente de forma preventiva, mas são fruto de um economicismo espontâneo a fim de fazer tudo mais rápido, tornando possível a dinamicidade da vida cotidiana. O cotidiano escolar é dinâmico, e isso somente é possível porque os sujeitos são obrigados a realizar constantemente novas tarefas e aprender a enfrentar novos problemas a fim de adequar-se a novas situações. É esse aprendizado que possibilitará ao sujeito "ser capaz de lutar durante toda a vida, dia após dia, contra a dureza do mundo" (Heller, 2004, p. 44). É esse economicismo do cotidiano escolar que possibilita que os sujeitos possam realizar diferentes atividades específicas de acordo com sua idade e etapa de formação etc. e, ainda, modificar sua ação de acordo com as exigências dos eventos de cada momento.

Isso possibilita aos sujeitos objetivar-se de inúmeras formas no cotidiano escolar, pois, produzindo seu mundo (seu ambiente imediato), forma a si mesmo. Esse é o sentido que Heller (2002) dá à educação: *formar* tem o sentido de amadurecer por meio das peculiaridades da vida cotidiana. Assim, na vida cotidiana não está presente apenas o modo pelo qual se aprende dos pais certas regras fundamentais de vida, mas também o modo como se transmitem esses ensinamentos aos próprios filhos. "Quem ensina o faz como representante do mundo onde nasceu, e a forma como ele apresenta esse mundo é fruto das experiências particulares, das objetivações assimiladas da vida cotidiana imediata" (Heller, 2002, p. 46-47).

Nesse economicismo no qual se desenvolve o cotidiano, a vida do sujeito baseia-se na superficialidade. Ele não consegue assimilar a intensidade dos acontecimentos como ser humano inteiro; todas as suas capacidades estão ativas para receber uma infinidade de esferas do dia a dia, mas ele não consegue mobilizar sua atenção com profundidade e acaba operando com todas as suas forças, ainda que superficialmente. "A vida cotidiana é a vida do homem inteiro; [...] Nela, colocam-se em funcionamento todos os seus sentidos, todas as suas capacidades intelectuais, suas habilidades manipulativas, seus sentimentos, paixões, ideias, ideologias" (Heller, 2004, p. 17).

O cotidiano escolar constitui-se de um conjunto de atividades que são heterogêneas, e essa heterogeneidade é caracterizada pelo conjunto de ações e relações referentes aos conteúdos, significados e importância das atividades do sujeito, como a aprendizagem dos conteúdos, as brincadeiras, os relacionamentos afetivos, a participação nos grupos que se formam dentro da escola e fora dela, o uso das tecnologias da informação e comunicação (TICs), o intercâmbio social etc., que são sempre lineares.

Essas atividades heterogêneas são hierarquizadas, ou seja, estão organizadas de acordo com uma hierarquia de valores, mas não de forma rígida e imutável. Dependendo da esfera da vida cotidiana da qual o sujeito está participando, a hierarquia de valores pode mudar, e é essa heterogeneidade que possibilita a individualidade, ou seja, permite a reprodução do indivíduo e garante sua diferença em relação aos demais. Por exemplo, a participação em determinado grupo dentro da escola ou a realização de certos tipos de atividades, que são sempre escolhas "concretas, finalidades concretas, alternativas concretas" (Heller, 2004, p. 14), evidenciam que o indivíduo assume um conjunto de valores, e que são essas escolhas, organicamente hierarquizadas, que possibilitam o funcionamento do cotidiano escolar, o qual somente é possível porque o indivíduo o escolhe tendo em vista a imediaticidade diante daquilo que considera verdadeiro e útil, atendendo ao critério de eficácia, ou seja, sua validade está na sua funcionalidade.

A história é produzida por meio dessas escolhas individuais e cotidianas e é, em si, uma **construção** humana. Os seres humanos, por sua vez, são os portadores da objetividade social, responsáveis pela reprodução e transmissão da estrutura social, mas não são os indivíduos ou a essência humana os portadores da substância da sociedade, uma vez que esta é também histórica. Essa substância da sociedade contém o essencial, mas também a continuidade de toda a heterogênea estrutura social, a continuidade dos valores. Por conseguinte, "a substância da sociedade só pode ser a própria história" (Heller, 2004, p. 2). Mas a história não é homogênea, mas uma substância estruturada de forma heterogênea.

Para explicitar essa heterogeneidade, Heller (2004) utiliza o termo *esfera*, caracterizando a multiplicidade da substância estruturada que é a história. Em certos momentos, a autora emprega o termo *esferas da realidade*. Estas são heterogêneas, mas entre elas não há nenhuma hierarquia universal, muito menos uma relação universal de essência e aparência, a não ser apenas em relação a decisões, fins e tarefas de modo concreto. São, por exemplo, esferas heterogêneas da história: a produção, as relações de propriedade, a estrutura política, a moral, a ciência, a arte, a filosofia etc.

A história é produzida pela alternância, que acarreta o aparecimento e o desaparecimento das esferas heterogêneas e hierárquicas da realidade surgidas no processo de construção e de degenerescência de valores. Essa dinâmica do processo histórico produzida pela alternância das estruturas das esferas heterogêneas é axiológica, ou seja, é o processo de crescimento e degenerescência de valores que possibilita o surgimento ou o desaparecimento da estrutura da esfera. "O decurso da história é o processo de construção dos valores, ou da degenerescência e ocaso desse ou daquele valor. Já a simples existência das várias esferas heterogêneas é, em si mesma, um fenômeno axiológico" (Heller, 2004, p. 4).

Na compreensão do movimento das esferas heterogêneas da realidade, na dinamicidade dos fenômenos axiológicos que ora cresce, ora degenera, Heller (2004, p. 4) adota a compreensão de valor do jovem Marx, o qual considera esse termo como "tudo aquilo que faz parte do ser genérico do homem e contribui, direta ou mediatamente, para a explicação desse ser genérico" manifesto na essência humana pelas categorias historicamente produzidas: o trabalho, a sociabilidade, a universalidade, a consciência e a liberdade. Desse modo, é possível conceber a dinamicidade da "essência humana como possibilidade de realização gradual e contínua das imanentes à humanidade, ao gênero humano" (Heller, 2004, p. 4). Por isso, *valor* é "tudo aquilo que, em qualquer das esferas e em relação com a situação de cada momento, contribua para o enriquecimento daquelas componentes essenciais" (Heller, 2004, p. 5).

Ao estabelecer o valor como uma categoria ontológico-social, Heller (2004) identifica uma lógica de ação humana nas esferas da vida cotidiana e coloca essa ação como resultado da valoração no interior de cada esfera da heterogênea realidade social, ao mesmo tempo que é produzida pela desvalorização em cada esfera. Esse processo acontece por meio da relação entre particularidade e universalidade, uma vez que não há atividade axiológica autônoma.

A lógica de ação humana identificada pela autora para explicitar o processo pelo qual são estabelecidas as esferas da vida cotidiana, por meio da valoração e da desvalorização, não é mera possibilidade abstrata, pois está articulada às categorias da moralidade, da sociedade, da universalidade, da consciência, do trabalho e da liberdade. Os valores não se resumem ao âmbito axiológico, mas são também éticos, políticos e estéticos. "A história é história de colisão de valores de esferas heterogêneas" (Heller, 2004, p. 7).

O processo histórico produzido pela ação humana não surge da homogeneização das esferas da realidade social por meio dos valores; ao contrário, a história é fruto do conflito de valores entre esferas heterogêneas. Por essa mesma lógica, ainda seria possível pensar no conflito de valores no interior da própria esfera, uma vez que ela também não é homogênea e que há um movimento interior de valoração e desvalorização conflituosa com a finalidade de definir sua permanência ou seu desaparecimento. É nesse "processo ontológico-social que se produz o indivíduo como ser e como ser social em-si; e a sociedade como categoria humano-genérica para-si. A colisão entre esferas heterogêneas é apenas uma das contínuas colisões de valores que ocorrem na história" (Heller, 2004, p. 7). O processo histórico é, então, dialético, uma vez que a história é produto da colisão entre valor e não valor, da qual o indivíduo participa ativamente produzindo história. Sob essa lógica de ação social, os indivíduos produzem e se reproduzem nas esferas da vida cotidiana, ganhando sentido, assim, o caráter ontológico-social dessa categoria.

Às esferas da história – produção, relações de propriedade, estrutura política, vida cotidiana, moral, ciência, arte, filosofia – soma-se o processo de valoração e desvalorização entre as esferas, no interior das quais tem origem a sociedade. Nesse sentido, podemos dizer que "a sociedade é sempre um complexo determinado, com um método de produção determinado, apresentando ainda classes, camadas, formas mentais, e alternativas igualmente determinadas" (Heller, 2004, p. 12).

É em meio a esse conflituoso choque de valores e não valores que se produz e reproduz o indivíduo do cotidiano e o ser humano-genérico do não cotidiano, sendo que essas também são esferas da realidade social histórica. Por conseguinte, a reprodução da sociedade decorre desse processo produtivo não finalístico, diante das alternativas históricas reais, quando o ser humano produz as possibilidades de sua própria essência, elevando-se ao humano-genérico para-si, por meio de sua hominização em esferas superiores ao reino animal, realizando possibilidades específicas, que nada têm a ver com um estranho plano teleológico arquitetado por um ser superior, mas sim com as possibilidades de um subsequente desenvolvimento de valores nas esferas da sociedade – cotidianas e não cotidianas – que dão sentido à história (Heller, 2004).

A vida cotidiana é composta por muitas esferas que atendem a diferentes lógicas, conforme explicita Heller (2002). Essas esferas da vida cotidiana decorrem de sua dinamicidade heterogênea e estão submetidas a muitas lógicas de ação dos sujeitos, uma vez que estes participam de diferentes esferas de vida cotidiana e, em cada uma, exercem um sistema de valoração concreta, a fim de realizar as escolhas que lhes são úteis e dão sentido à sua existência, seja como ser humano singular, seja como ser humano genérico. Observar a dinamicidade da vida cotidiana dos sujeitos do ensino médio presentes numa sala de aula, sob a mediação de um professor com a pretensão de ensinar filosofia, é ampliar o horizonte da problemática filosófica ali situada. Os sujeitos do cotidiano do ensino de filosofia estão mergulhados em muitas esferas da vida cotidiana, cada uma sendo guiada por diferentes lógicas de ação.

4.2
Cotidiano escolar do ensino médio

A compreensão de cada esfera do cotidiano escolar exige uma análise ampla do processo de escolarização, que está presente, por exemplo, nas definições oficiais de currículo e nas compreensões apresentadas pelos docentes, ou seja, as prescrições legais e a forma como são vistas no interior da escola, no processo de formação dos professores, nos sujeitos envolvidos, nos valores e em outras variáveis que têm peso no cotidiano escolar (Rockwell, 1997).

Então, para compreender esse âmbito, temos de analisar algumas esferas do cotidiano escolar, tanto as que, aparentemente, estão fora desse cotidiano, como as políticas educacionais, as prescrições curriculares, as formas de financiamento da educação, os projetos econômicos – aos quais o país está atrelado e que acabam influenciando as políticas educacionais –, quanto aquelas que estão no interior da própria escola, como o modo como os docentes organizam os processos de ensino e aprendizagem, como são organizados os tempos e espaços escolares, como os estudantes se relacionam com a aprendizagem dos conteúdos etc. Isso é o que Rockwell (1997) chamou de *dimensões da experiência escolar*.

A riqueza desse processo é enorme, uma vez que é pela participação nas diversas esferas da vida cotidiana e em suas lógicas de ações valorativas que os sujeitos constituem suas singularidades, produzindo-se como indivíduos e sujeitos sociais no cotidiano escolar. Nesse sentido, a importância do processo de socialização que ocorre nas esferas da vida cotidiana escolar é maior do que o simples processo de assimilação de conhecimentos formais transmitidos pelo processo de escolarização, pois é responsabilidade da escola fazer com que o cotidiano escolar eleve – por meio do acesso à ciência, à filosofia, à arte, mediados pelo trabalho pedagógico criativo – os sujeitos ao nível de ser humano genérico, já que, segundo Heller (2002), essa é a única possibilidade que o ser humano tem de superar a vida cotidiana e para ela voltar modificado.

Com base nessa compreensão, analisaremos três esferas do cotidiano escolar: a organização do cotidiano escolar do ensino de filosofia, o trabalho docente como mediação praxiológica do ensino e aprendizagem filosófica e a relação que os estudantes estabelecem com a filosofia em sala de aula.

A dinâmica interna do cotidiano escolar do ensino médio é regulada pelo Projeto Político-Pedagógico, do qual fazem parte o Regimento Escolar e a Proposta Pedagógica Curricular. Esses documentos são elaborados pela direção e pela equipe pedagógica da escola, com a participação do corpo docente, especialmente no que se refere à Proposta Pedagógica Curricular, que é o plano de conteúdos organizado por disciplinas da matriz curricular de forma seriada e dividida por bimestres, com as indicações dos fundamentos teórico-metodológicos das disciplinas, recursos didáticos e sistema de avaliação, indicando critérios e estratégias para realização das avaliações do conteúdo escolar. Além desse, outro documento que rege o cotidiano escolar é o Regimento Escolar, que normatiza os procedimentos referentes à vida escolar e as condutas do corpo discente, docente e dos demais trabalhadores que atuam na instituição. Além disso, esse documento normatiza a participação dos pais dos estudantes ou seus responsáveis legais na instituição.

O trabalho docente começa a efetivar-se no cotidiano escolar da sala de aula com o planejamento realizado pelo professor e descrito no Plano de Trabalho Docente. Esse documento descreve os conteúdos que serão trabalhados e o tempo a ser destinado a cada um deles, os encaminhamentos metodológicos, os recursos a serem utilizados em cada conteúdo, bem como os critérios e instrumentos que serão empregados para avaliar a aprendizagem dos estudantes.

A definição escolar de *conhecimento filosófico* se dá pela forma como o currículo está organizado e distribuído no Plano de Trabalho Docente e pela forma como o professor lida com ele, por meio dos encaminhamentos metodológicos e das diversas mediações empregadas para realizar o processo de ensino, bem como pelos materiais didáticos utilizados.

A continuidade e a repetição, como vimos, geralmente se manifestam em certas formas de proceder na vida cotidiana, como o cumprimento de determinadas normas, processos e procedimentos. Por isso, no cotidiano escolar, a repetição é importante por tornar rotineiros os processos e os procedimentos de ensino e aprendizagem. Além da forma como a escola está regimentalmente organizada e do modo como são organizadas as aulas, a distribuição dos conteúdos, as atividades pedagógicas e o processo de avaliação, a repetição também pode ser observada no modo como a sala de aula é organizada, com todos os estudantes sentados no lugar demarcado, em fila etc.

As esferas do cotidiano escolar também podem ser analisadas considerando as dinâmicas externas ao cotidiano escolar, as quais apresentam forte capacidade de determinar sua organização e são intensamente marcadas pela legislação educacional, seja ela do âmbito municipal, seja estadual ou federal.

Há ainda as macropolíticas de organização e financiamento da educação, que podem ser ditadas por organismos financeiros nacionais ou por acordos multinacionais, que vinculam a política educacional do país às metas econômicas e educacionais oriundas de organismos internacionais – em suma, é o que regulamenta e normatiza o projeto educacional. Trata-se do projeto de educação embutido na política educacional dos governos federal, estadual e municipal, ou seja, na forma como é financiada e gerida a educação.

Para Apple (1989), trata-se da discussão que envolve a problemática entre educação e sociedade no que diz respeito à resposta às questões: Quem se beneficia com a forma como nossas escolas são organizadas, especialmente no que se refere às práticas curriculares e pedagógicas? Qual a relação da escola com a formação social mais ampla? Qual a importância da escola na formação da cultura jovem, em especial dos sujeitos do ensino médio? A escola é a única responsável por essa formação ou esse é o resultado de um processo mais amplo, envolvendo a classe social, as questões de gênero, as questões étnicas, as questões do mundo do trabalho e do consumo, as questões do uso das TICs e os contraditórios conflitos culturais, políticos e econômicos dentro e fora do sistema educacional?

O problema do papel da escola e do professor ao ensinar e do valor intrínseco do conteúdo que ensina pode ser formulado da seguinte maneira: Alguém ensinaria algo que não fosse válido aos seus próprios olhos? Qual a verdadeira natureza dos conteúdos ensinados? Qual sua pertinência, consistência, utilidade, interesse e valor educativo para a formação do jovem, sujeito do ensino médio?

Afinal, qual seria a função da escola? É o que pergunta Meirieu (1998), e ele próprio responde: Não é na escola que ocorre a aprendizagem da leitura, da escrita e do cálculo? Não é nela que se fornecem as referências "culturais indispensáveis que permitem o enraizar-se em uma história e, ao mesmo tempo, a abertura a outras culturas e outras civilizações? Não é nela que são adquiridos os métodos de trabalho, o hábito do rigor, uma memória mais capacitada?" (Meirieu, 1998, p. 16).

O tom irônico do autor remete aos inúmeros questionamentos existentes hoje em torno da função e da eficácia da escola na formação do jovem. Tais questionamentos surgem no âmbito do cotidiano escolar, vindos dos profissionais da educação e dos próprios estudantes, saturados de conteúdos curriculares que se apresentam com finalidade em si; surgem das famílias, que já não entendem o motivo de a escola não preparar seus filhos para enfrentarem o mundo como gostariam, além de ensinar-lhes uma profissão; e surgem do mercado de trabalho, que questiona a legitimidade da escola, por ela não preparar trabalhadores treinados e dóceis o suficiente para atender às necessidades de flexibilização dos processos produtivos, todos estes com vistas a desconstruir o papel da escola, por entenderem que ela já não atende às exigências do mundo contemporâneo.

A crise instalada na sociedade contemporânea deve-se à confusão em torno da compreensão daquilo que é a tarefa da escola, restringindo a ela apenas a competência das aprendizagens de caráter mais geral e repassando para outros setores da sociedade a competência das aprendizagens profissionais. Segundo a compreensão do autor, essa confusão produz o isolamento entre os conhecimentos gerais e os conhecimentos técnicos profissionais, fazendo com que a escola perca de fato o sentido para aqueles que a ela recorrem para aprender e dominar a língua escrita e oral, os conceitos fundamentais para compreender o meio cultural e ainda realizar as operações mentais, como "deduzir, antecipar, analisar, efetuar uma síntese etc." (Meirieu, 1998, p. 17). Está aí a função social da escola*: garantir que certo número de conhecimentos historicamente sistematizados seja adquirido por todos de forma sistemática e organizada. Define-se, assim, a escola como local do ensino, o professor como profissional da aprendizagem e o ato de aprender como ocupação principal dentro da sala de aula, quando "o professor instrui e o estudante se instrui" (Meirieu, 1998, p. 18). Estabelece-se, portanto, o objetivo principal da educação, que é o de garantir a todos esse direito constitucional.

Um dos motivos é que, segundo Apple (1989), ao se idealizar e organizar a função social da escola de acordo com a divisão social do trabalho – uma escola que ensine somente os conhecimentos gerais e outra que desenvolva as competências profissionais –, privilegia-se um conjunto de princípios que orientam o planejamento e a avaliação da educação por meio de métodos que tornem mais eficientes e eficazes as elaborações de currículo. O problema é que, ao pensar o método apenas pela via da eficiência e da eficácia da escola, perdemos o sentido político da educação, pois acabamos por separá-la da forma como a sociedade funciona econômica e culturalmente, como se fosse possível uma completa neutralidade sem que, com isso, ocorresse a despolitização da educação. Mas o que isso esconde é aquilo que não se quer saber: "o conhecimento de quais grupos deveria ser ou já estava sendo preservado e transmitido nas escolas?" (Meirieu, 1998, p. 29).

---

*   Meirieu (1998) faz, contudo, uma ressalva importante, dizendo que não se trata de fazer a defesa da escola tradicional, muito menos de defender o espontaneísmo educacional, mas sim de que a aprendizagem seja tratada de forma competente e profissional pelos professores, tendo em vista a qualidade da educação e a eficácia da gestão das aprendizagens.

A escola é o lugar da aprendizagem sistematizada como direito do cidadão, mas também é o lugar onde se torna possível a legitimação das desigualdades. Isso não significa que todas as ações dos professores na escola estejam sendo realizadas no sentido errado, mas que a escola, muitas vezes, não está ajudando os estudantes a solucionar vários de seus problemas sociais e educacionais. É necessário considerar, então, que há uma contradição importante no cotidiano escolar, que, tomada do ponto de vista macroeconômico, não é coerente com os princípios que, geralmente, os profissionais da educação defendem.

Por outro lado, não se trata de fazer a defesa de que as escolas funcionam pura e simplesmente para reproduzir a sociedade. Para que isso fosse possível, deveríamos acreditar que os sujeitos aceitam passivamente as imposições que visam à reprodução. "Qualquer um que tenha ensinado em escolas de classe trabalhadora, ou escolas de periferias, sabe que não é assim que as coisas se passam" (Meirieu, 1998, p. 30-31). A escola é um espaço de contradições, seja como aparelho de estado, seja nas relações que estabelece com a sociedade capitalista, o que nos leva à possibilidade de pensá-la como lugar de conflitos que se estabelecem, por exemplo, na hierarquização meritocrática do corpo docente e na legitimação ideológica das formas necessárias para a criação das desigualdades. E são essas contradições e esses conflitos que possibilitam o desenvolvimento das capacidades críticas dos docentes e discentes. Além disso, a escola pode ser um local de resistência às ideologias, sendo essa uma condição fundamental para desafiar o poder do capital.

Compreendendo a escola como lugar de contradição, de conflito e de resistência, desenvolveremos agora dois temas – embora existam muitos outros – da esfera do cotidiano escolar que evidenciam as contradições, os conflitos e as resistências existentes entre currículo e cultura e o processo de ensino e aprendizagem, mas que obedecem a lógicas amplas existentes fora da escola.

Comecemos discutindo a lógica de duas esferas amplas que se produzem no cotidiano escolar: **educação** e **cultura**. Para Forquin (1993), há entre educação e cultura uma relação íntima e orgânica, quer apenas no sentido escolar, quer no sentido mais amplo, que compreende educação como processo de socialização por meio do que toda a educação supõe: "necessariamente, a comunicação, a transmissão, a aquisição de alguma coisa: conhecimentos, competências, crenças, hábitos, valores, que constituem o que se chama precisamente de 'conteúdo' da educação" (Forquin, 1993, p. 10).

A acepção tradicional de *cultura* compreende-a como sendo de caráter individual e normativo – como conjunto de qualidades próprias de um espírito cultivado – e tem como resultado a posse individual de conhecimentos gerais e capacidades cognitivas inteligentes, que confere ao indivíduo o desenvolvimento pessoal como um dom e a capacidade de realizar julgamentos refinados no âmbito intelectual e artístico. Já na acepção descritiva e objetiva das ciências sociais, a *cultura* é o patrimônio de um povo, formado por seu modo de vida, seus hábitos e costumes. Nesse caso, a cultura figura quase como neutra e isenta de contradições, como se não fosse produzida por meio do julgamento de valor e não fosse uma seleção, e sua aprendizagem pode ocorrer de modo informal e coletivo, pela transmissão da tradição (Forquin, 1993).

Entre essas duas acepções há uma terceira, que é menos restritiva que a primeira e menos global que a segunda. Sob essa acepção, a transmissão da cultura implica a seleção dos seus aspectos mais relevantes, a fim de "conferir aos indivíduos as qualidades e competências, disposições, que se têm por relativamente ou intrinsecamente desejáveis, e que para isto nem todos os componentes da cultura, no sentido sociológico, são de igual utilidade, de igual valor" (Forquin, 1993, p. 11).

Sob essa perspectiva, a escola é o lugar institucional para seleção e transmissão da cultura, materializada como "patrimônio de conhecimentos e de competências, de instituições, de valores e de símbolos, constituído ao longo de gerações e característico de uma comunidade humana particular, definida de modo mais ou menos amplo e mais ou menos exclusivo" (Forquin, 1993, p. 12).

Essa concepção de *cultura* assume uma conotação de patrimônio coletivo sagrado, herança intelectual e espiritual, distinguindo-se da acepção de *cultura* no sentido descritivo e científico, ficando restrita às fronteiras nacionalistas e limites das comunidades particulares. Por isso, é necessário destacar a noção universalista e unitária da cultura – ou seja, a ideia de que aquilo que a educação transmite transcende os limites entre os grupos humanos e as particularidades mentais que surgem de uma memória e um destino comum de toda a humanidade. Daí a acepção de que *cultura* é tudo aquilo por meio de que o ser humano se distancia de sua natureza animal, o que o distingue de sua animalidade. A educação é o processo por meio do qual se torna possível ao ser humano chegar ao **estado de cultura**.

As concepções culturais que opõem homem e natureza, além de não serem necessariamente excludentes, por vezes, coincidem em certos aspectos, mesmo que isso sempre deva ser explicado. Isso é o que torna possível "definir a cultura como moldura, suporte ou forma de toda a experiência individual possível que nos precede, nos ultrapassa e nos institui enquanto sujeitos humanos" (Forquin, 1993, p. 13).

Destacamos aqui a proximidade da concepção de *cultura* entre Forquin (1993) e Williams (1992, 1980, 1979, 1969), especialmente no que se refere à cultura como sendo, ao mesmo tempo, estática e dinâmica.

Trata-se de uma concepção que destaca o papel da estrutura e os das predeterminações sociais, econômicas etc., encontradas pelo sujeito ao nascer numa determinada cultura, e o papel do sujeito como ator de suas escolhas e decisões. A compreensão de ambos os autores ajuda-nos a pensar que as relações entre educação e cultura não são abstratas, mas concretas. Cabe à escola a responsabilidade de transmitir e perpetuar a experiência humana selecionada como cultura.

A seleção é intencional e pública ao socializar as informações e os conhecimentos que podem ser comunicáveis e controláveis por um sistema simbólico inteligível. "Desse modo, a cultura é o conteúdo substancial da educação, sendo também sua fonte e justificação. Pode-se concluir, portanto, que não há educação sem cultura e que a recíproca é verdadeira" (Forquin, 1993, p. 13-14). Mas isso não quer dizer que haja neutralidade e que não existam contradições importantes nessa relação, pois "toda a educação, e em particular toda educação de tipo escolar, supõe sempre na verdade uma seleção no interior da cultura e uma reelaboração dos conteúdos da cultura destinados a serem transmitidos às novas gerações" (Forquin, 1993, p. 14).

Na educação, não se realiza fielmente a transmissão de uma cultura, ou de culturas. No máximo, ela transmite alguns elementos da cultura de forma heterogênea, de origens distintas e obedecendo a lógicas diferentes e, por isso, baseados em múltiplos princípios de legitimação. No caso da educação escolar, isso se evidencia no fato de, ao mesmo tempo que a escola conserva e transmite alguns elementos da cultura considerados importantes naquele momento ou para aquela comunidade, ela se esquece de outros. Isso acontece nos processos de reforma curricular, por exemplo, em que alguns conteúdos são substituídos ou simplesmente esquecidos pelos programas, à medida que surgem outros novos, pautados em novas formas de saber e novas sustentações epistemológicas e didáticas.

A questão a saber é: "quais são as determinações, mecanismos e critérios presentes no processo de seleção cognitiva e cultural que possibilita que uma parte da cultura seja preservada enquanto outra grande parte é sepultada no esquecimento?" (Forquin, 1993, p. 15). A resposta reside no fato de que as escolas, como instituições imersas na sociedade, atuam como órgão reprodutivo para selecionar e titular a força de trabalho na medida em que ajudam a "manter o privilégio por meios culturais, ao tomar a forma e o conteúdo da cultura e do conhecimento dos grupos poderosos e defini-los com um conhecimento legítimo a ser preservado e transmitido" (Apple, 1989, p. 58).

Forquin (1993) também busca nos referenciais de Williams o embasamento para explicar o processo de seleção cultural ocorrido na escola, ao concordar com este quanto à afirmação de que existem "instituições cujo papel seja o de preservar a memória do passado mais estável e mais objetivamente [...] que são as instituições acadêmicas e eruditas" (Forquin, 1993, p. 35). Além disso, utiliza o conceito de "cultura comum", associado à experiência comum, de Williams, como referencial no processo de seleção cultural e de conteúdos de um currículo escolar.

Para Apple (1989), isso não é tudo, uma vez que a relação entre educação e cultura, como já afirmamos, não é abstrata. A escola também é lugar de resistência à cultura da classe hegemônica, uma vez que ajuda a legitimar novos conhecimentos, novas classes e extratos sociais, na medida em que os grupos mais antigos entram em choque com a cultura de classes e os grupos emergentes disputam espaço no currículo escolar, evidenciando as lutas de classe, de gênero e étnicas, escancarando as contradições existentes no cotidiano escolar.

A análise do processo pelo qual a cultura é selecionada e descrita nos documentos curriculares não é suficiente para explicar o processo de seleção cultural, pois há que se considerar ainda de que modo os conteúdos são tornados efetivamente transmissíveis e assimiláveis pelas novas gerações, ou seja, a dinâmica interna do cotidiano escolar, do como ensinar a fim de que os sujeitos efetivamente aprendam aquilo que está sendo ensinado. Assim, educação e cultura constituem-se em poderosas esferas do cotidiano escolar.

4.3
Cotidiano do trabalho docente de filosofia

Utilizamos a categoria práxis para compreender o processo de ensino de filosofia em sala de aula, mediado pela ação docente. Da mesma forma, não podemos ignorar que os sujeitos da aprendizagem têm seu processo de socialização na escola e fora dela mediado pela práxis e que o processo de aprendizagem da filosofia não se faz sem essa mediação, para que se possa superar o pensamento espontâneo. Isso porque "a atitude natural cotidiana coexiste com a atitude filosófica, surgida historicamente, e dela é necessário partir para chegar a uma verdadeira concepção filosófica da práxis" (Vázquez, 1968, p. 8-9).

O modo pelo qual pensamos a prática já indica uma atitude diante da práxis e uma consciência do mundo prático, que é sustentada por princípios ideológicos – ideias, valores, juízos, preconceitos etc. – presentes na vida cotidiana e que, de certo modo, forma as próprias explicações teóricas, ainda que inconscientemente. Exemplo disso é o poder controlador das classes dominantes: sabedoras do desprezo do ser humano comum pelas atividades teóricas, elas tratam de realizar um trabalho no sentido de desinformar, castrar ou esvaziar a consciência política das classes subalternas, a fim de integrar o ser humano comum apenas nas atividades práticas da política como atividade profissional, fazendo com que se desenvolva na sociedade uma visão negativa da política, da qual, então, tal indivíduo é deixado à margem, imerso no mais profundo e apático apoliticismo. O mesmo ocorre com a arte, que é vista como improdutiva e/ou não prática por excelência, devendo por isso ser submetida a interesses práticos imediatos, pessoais e úteis para que tenha algum sentido prático e útil.

Essa compreensão do processo de ensino e aprendizagem da filosofia traz consigo a exigência de que a ação docente ocorra de forma praxiologicamente mediada (Horn, 2002b). O processo de aprendizagem tem início quando os problemas filosóficos são enunciados e assimilados cognitivamente, tornando-se mediadores de um processo de transformação da consciência ingênua do sujeito em direção à consciência filosófica. Isso ocorre quando o estudante consegue enunciar os problemas filosóficos e parte em busca de respostas por meio das análises teóricas, a fim de produzir soluções ao problema enunciado.

A mediação docente tem o objetivo de mediar o processo de investigação filosófica, ou seja, a relação entre os problemas filosóficos e os problemas da vida cotidiana dos sujeitos da aprendizagem, para que a aula de filosofia se torne um laboratório de investigação e produção filosófica.

Ao analisar a ação mediadora do professor-filósofo, Carrilho (1987) apresenta o que ele entende como dois modelos de ensino de filosofia: um nas respostas produzidas, ao longo da história dessa disciplina, aos problemas filosóficos, e outro, concentrado nos problemas da própria filosofia. A crítica que o autor faz ao primeiro modelo é pertinente, pois este está centrado numa concepção de ensino "descritivo-doutrinário" e "trata-se de um ensino informativo em que se caracterizam autores, correntes, e cujo maior risco é o de esbater a especificidade da atividade filosófica, ou seja, a sua vocação e capacidade explicativas de fenômenos naturais e humanos" (Carrilho, 1987, p. 12). Esse modelo de ensino separa as teses e problemas da filosofia do conteúdo que se pretende transmitir.

Para o filósofo português, a filosofia é o "conjunto de procedimentos de explicitação de conteúdos da experiência (estética, científica, ética, psicológica) a partir de suas condições de possibilidade [...] que visam alargar nossa inteligibilidade do mundo" (Carrilho, 1987, p. 12). Decorre dessa concepção que a transmissão da filosofia é centrada no modelo de ensino conceitual-problemático e procura evitar a separação entre as teses dos problemas filosóficos e o conteúdo de sua explicação, que são os conceitos. Sob esse modelo, o ensino de filosofia se faz por meio de um laboratório conceitual dedicado à investigação de problemas filosóficos, ou seja, a aprendizagem filosófica torna-se um laboratório experimental para resolver problemas. Nesse sentido, a aprendizagem filosófica é compreendida como prática não mecânica da filosofia por meio da "simulação gnosiológica" (Carrilho, 1987, p. 14), o que, de alguma forma, levaria o professor de Filosofia a fazer com que os estudantes buscassem imitar em sala de aula a atividade do filósofo profissional, ou seja, a compreender o ensino como laboratório de investigação de problemas filosóficos mediante a "simulação gnosiológica", fugindo assim ao modelo de ensino criticado anteriormente – centrado nas soluções de problemas –, mas tornando-os reféns da concepção de filosofia criticada por Marx em sua XI tese contra Feuerbach, a saber, de que os filósofos, até então, somente se preocupavam em interpretar o mundo.

O laboratório conceitual de atividade filosófica proposto por Carrilho (1987) ganha um sentido praxiológico se, antes de ser apenas simulação gnosiológica, for também simulação ontológica da experiência com problemas filosóficos. No laboratório de simulação ontológica e gnosiológica de problemas filosóficos, o professor-filósofo e seus estudantes terão na práxis a categoria central mediadora da investigação e da produção filosófica.

De acordo com Horn (2002), a mediação praxiológica tem sua origem no *habitus* docente que dirige e orienta o processo de ensino e aprendizagem no laboratório de investigação e produção filosófica. É função precípua do professor, como mediador do processo de ensino e aprendizagem, organizar o currículo escolar e seus objetivos de ensino, selecionar os conteúdos e os encaminhamentos metodológicos, bem como as estratégias e os recursos didáticos que viabilizam o processo de ensino e aprendizagem.

Assevera Horn (2002) que a mediação praxiológica do processo de ensino e aprendizagem da filosofia é assentada no conhecimento praxiológico docente, que, em grande medida, tem sua origem:

- no referencial teórico e metodológico que ele assimilou e desenvolveu durante seu processo de formação inicial e continuada;
- em sua experiência profissional;
- na compreensão que tem da natureza do conhecimento filosófico;
- nas escolhas curriculares dos conteúdos a serem trabalhados;
- nas estratégias de ensino e avaliação que adota;
- no modo como utiliza o livro didático e os textos clássicos de filosofia;
- na forma como faz uso das TICs em sala de aula;
- no modo como organiza seus planos de aula;
- no modo como compreende o processo educacional e sua importância para a socialização dos estudantes etc.

Enfim, por sua atitude como professor-filósofo.

O que caracteriza a práxis do professor-filósofo como mediador no laboratório de investigação e produção filosófica? "O professor precisa proceder como filósofo; sua atividade deverá ser o exercício público da filosofia. Em sala de aula, ele tem de se apresentar como filósofo, isto é, o modo e o exercício de seu pensamento têm de ser filosóficos" (Horn, 2002, p. 191).

Ser filósofo, nesse caso, não significa primeiramente identificar-se com a atividade do filósofo profissional especialista. O professor-filósofo é aquele que tem a práxis como princípio central para pôr-se entre a filosofia e os problemas históricos do mundo e realizar com seus estudantes o exercício da investigação filosófica em sala de aula.

Compreendemos que os problemas filosóficos, ao serem abordados no processo de ensino e aprendizagem da filosofia, precisam ser tratados ontologicamente, para que os estudantes compreendam os determinantes históricos do seu surgimento e, assim, as soluções gnosiológicas dadas aos problemas estejam atreladas concretamente à práxis daqueles que as produziram e a sua experiência estética, científica, política, ética, psicológica etc.

4.4
Sujeitos do ensino médio no cotidiano escolar

Rockwell (1997) recoloca a questão dos significados da aprendizagem no âmbito do cotidiano escolar partindo da compreensão de que os estudantes descobrem como proceder para aprender, ou seja, como dominar os procedimentos de aprendizagem. A autora denomina esses procedimentos de ***ritos de aprendizagem***. Aprender na escola significa aprender a usar os elementos que nela se encontram, ou seja, aprender é aprender procedimentos. Os estudantes devem, então, aprender o que devem fazer com o que o professor escreve na lousa ou com o que está no livro didático; aprender a construir e explicar o mapa conceitual e outros materiais que trazem para a escola.

Aprender no cotidiano escolar significa, portanto, saber como fazer algo. Além de aprender a utilizar os materiais, o estudante deve saber usar a linguagem, a fim de participar das discussões e dos debates, argumentar, formular hipóteses etc., seguindo as pistas do professor para poder participar do processo de interação que ocorre na sala de aula, ou seja, deve aprender e realizar os ritos do processo de ensino e aprendizagem.

A ritualização do processo de ensino e aprendizagem possibilita aos estudantes empregar sempre os mesmos procedimentos, a fim de garantir, aparentemente, o êxito desejado em sala de aula. O problema é que, ao transpor o cotidiano do âmbito escolar, geralmente esses mesmos procedimentos ritualizados não têm aplicabilidade prática na vida cotidiana – ou seja, quando muda o contexto e a forma como se apresentam os problemas, aqueles procedimentos ritualizados para obter soluções já não servem para dar as respostas adequadas ao contexto e ao problema.

Os rituais de aprendizagem, transpostos para a sala de aula pelos professores, são assimilados pelos estudantes. Existem rituais que são próprios e adequados para cada disciplina e outros que servem para todas as disciplinas, sendo que são institucionalizados regimentalmente.

O próprio conjunto das disciplinas presentes no currículo escolar é visto pelos estudantes como pertencente a um rito, seja pela quantidade de aulas semanais que cada uma ocupa, seja pelo modo como o livro didático organiza a sequência dos conteúdos a serem ensinados e assimilados, em filosofia, língua portuguesa, matemática, história, biologia etc. Um dos procedimentos que os estudantes adotam para dar conta de todo o conjunto de disciplinas do currículo escolar e do rol dos conteúdos de cada uma é a superficialidade; ou seja, são estudados muitos conteúdos, mas todos eles com superficialidade. Se assim não fosse, não seria possível vencer o programa.

Segundo Heller (2002), a superficialidade é uma característica essencial da vida cotidiana que, segundo ela, é vivida em toda sua intensidade. Para isso, o sujeito mobiliza todas as suas capacidades, mas sempre de modo superficial, pois essa é a única forma de realizá-la intensamente. Assim vivem os sujeitos no cotidiano escolar, com toda a intensidade e mobilizando muitas de suas capacidades para conseguir vivenciar todos os acontecimentos que abrangem seu envolvimento afetivo com o grupo afim, os flertes, as paqueras, as lutas contra os grupos rivais, os problemas da vida familiar e, em alguns casos, da vida profissional, a preocupação com o corpo e a beleza, os contatos estabelecidos via redes sociais, por meio do aparelho de telefone celular etc., até as exigências de um processo de escolarização, em que todos os dias, cinco dias por semana, em 25 aulas semanais, vários professores apresentam conteúdos diferentes, atribuindo-lhes a responsabilidade de realizar inúmeras atividades didático-pedagógicas, leituras, trabalhos, provas etc.

Por isso, para conseguir vivenciar tantos acontecimentos, os sujeitos do cotidiano escolar recorrem à superficialidade do processo de aprendizagem como estratégia de sobrevivência e obtenção de sucesso, pois não têm tempo para absorver com intensidade tudo o que acontece. A questão aqui depreendida é: Como seria possível ensinar-aprender filosofia – uma possibilidade de elevação ao ser humano genérico –, algo que exige profundidade no processo de leitura, estudo, problematização e discussão dos problemas filosóficos, quando os sujeitos da aprendizagem buscam na superficialidade uma estratégia de ação?

O que garante aos sujeitos conseguir participar das tantas esferas da vida cotidiana ao mesmo tempo e ainda dar conta, mesmo que superficialmente, do processo de aprendizagem dos conteúdos curriculares é a heterogeneidade da vida cotidiana, e essa é a forma como os estudantes conseguem se relacionar também com a filosofia como disciplina escolar, ou seja, trata-se de mais um conteúdo a ser aprendido em meio a tantos outros. Por isso a postura dos estudantes perante ela é considerá-la mais uma disciplina escolar, que lhes exige aprendizagem suficiente para a obtenção da nota que possibilitará sua aprovação para a série seguinte.

Os estudantes fazem suas escolhas de forma pragmática, tendo em vista um fim específico. Isso se explica, pois, para Heller (2002), é em meio à heterogeneidade hierarquizada da vida cotidiana que os homens fazem suas escolhas valorativas, mas não optam por valores abstratos; suas escolhas são concretas, uma vez que preferem aquilo que lhes é útil, bom e belo e que se lhes apresenta com finalidades concretas. Eles fazem suas escolhas de acordo com a funcionalidade da vida cotidiana. Se os estudantes experimentam a heterogeneidade nos acontecimentos e experiências de suas vidas cotidianas, é preciso considerar que o cotidiano escolar é constituído também de forma bastante heterogênea. Destacamos aqui a forma como é organizada a própria matriz curricular do ensino médio – com um conjunto de 12 disciplinas –, o que significa que o estudante precisa dar conta de muitos conteúdos e ainda relacionar-se com muitos professores, além dos seus 40 colegas, em média, na sala de aula.

Como afirmamos anteriormente, a relação dos estudantes com a filosofia passa pela mediação com o professor. Há uma série de elementos necessários à produção do conhecimento filosófico e suas diferenças com uma das disciplinas, que também trabalha com o conhecimento discursivo. Por isso, é importante articular diversas habilidades, como a leitura crítica dos textos, o aprofundamento mediado pelo professor, a pesquisa do vocabulário, pois a filosofia faz uso de uma linguagem própria, por exemplo, para o estudo do texto clássico, pois é nele que está "o que o filósofo pensou", a necessidade do rigor na forma de escrever e apresentar seu pensamento e seus conceitos e, ainda, apresentar seu ponto de vista.

Um aspecto importante de como se apresenta o conhecimento escolar, analisado por Rockwell (1997), é quanto ao limite existente entre o conhecimento escolar e o cotidiano. Trata-se da relação existente entre o cotidiano escolar e o cotidiano dos sujeitos fora da escola. Isso demarca a relação entre o que os sujeitos conhecem em seu mundo e o que a escola apresenta como conhecimento válido. É na escola que eles passam a duvidar dos conhecimentos próprios e a confrontá-los com as versões do conhecimento autorizadas pela escola, desenvolvendo outra experiência pessoal e social.

Parte do desafio do professor de Filosofia consiste em trabalhar com uma disciplina que se fundamenta em conceitos e, ao mesmo tempo, não romper com o cotidiano concreto dos estudantes nem relegá-lo ao segundo ou terceiro plano. É preciso que os estudantes compreendam que os problemas filosóficos investigados têm sua origem na vida cotidiana, pois são as questões humanas que se tornam filosóficas ao serem apropriadas pelo filósofo. No processo de aprendizagem escolar, são transmitidas concepções de mundo, as quais estão presentes implícita e explicitamente no currículo escolar, tanto no oficial quanto no oculto, assim como no modo pelo qual são socialmente construídas e nas formas de transmiti-las aos estudantes (Rockwell, 1997). Em ambos os casos, estão presentes valores que são transmitidos aos estudantes de modo explícito, como nas atividades organizadas para comemorar datas cívicas e religiosas, ou na forma como o professor seleciona e transmite os conteúdos curriculares e com quais objetivos o faz. Além disso, a forma por meio da qual os sujeitos – professores, estudantes, funcionários, pais – estabelecem suas relações sociais no cotidiano escolar transmite suas concepções de mundo.

> Se no cotidiano escolar ocorre uma ampla transmissão da concepção de mundo, o que dizer então da introdução ou da existência de uma disciplina curricular cuja responsabilidade é discutir conceitualmente as concepções de mundo, que consiste na discussão dos valores éticos, políticos, estéticos, científicos? Qual concepção de mundo se transmite por meio das aulas de filosofia, se ela é responsável justamente por questionar as crenças subjacentes às concepções de mundo que estão presentes na moral, na ciência, nas artes, na filosofia e no cotidiano escolar?

Os estudantes retratam a forma como eles reagem ao primeiro contato com a filosofia, pois, mais do que trabalhar conteúdos informativos, a disciplina atinge diretamente o conjunto de valores que sustentam sua concepção de mundo, quando as questões existenciais são percebidas pelos estudantes, que se colocam numa posição de reserva quanto ao conteúdo da própria filosofia.

Síntese

Neste capítulo, destacamos que a humanidade se autoproduz na vida cotidiana e ainda reproduz a própria sociedade e a história, e também que os sujeitos participam da produção da escola e esta, por sua vez, reproduz os sujeitos. Sob essa compreensão, qualquer uma das partes da vida cotidiana, mesmo que aparentemente fragmentária e imediata, faz parte de uma totalidade concreta. Mostramos ainda que a escola, como lugar de ensino e aprendizagem, é produzida por indivíduos particulares que se relacionam entre si em dimensões mais amplas da vida cotidiana – dimensões que extrapolam o próprio cotidiano escolar. Se examinarmos o conteúdo da vida cotidiana de cada escola, podemos identificar suas características mais comuns, ao mesmo tempo que chegaremos à conclusão de que elas são totalmente diferentes umas das outras. Por exemplo, estudante e professor se autoproduzem no cotidiano escolar à medida que vão adquirindo capacidades práticas e habilidades sem as quais não conseguiriam permanecer nesse cotidiano. Assim, eles assimilam as formas e os sistemas de comunicação com os demais sujeitos – colegas, professores, funcionários etc. –, aprendendo as regras, os sistemas de sanções, punições e premiações, inclusive os mecanismos que lhes permitem burlar as regras.

Além disso, apresentamos as características da vida cotidiana: a repetição, o economicismo, a heterogeneidade, a hierarquia, a multiplicidade, a alternância, a dinamicidade etc., e destacamos que a compreensão de uma das características do cotidiano escolar exige uma análise ampla do processo de escolarização, que está presente, por exemplo, nas definições oficiais de currículo e nas compreensões apresentadas pelos docentes, ou seja, as prescrições legais e a forma como são vistas no interior da escola, no processo de formação dos professores, nos sujeitos envolvidos, nos valores e em outras variáveis que têm seu peso no dia a dia da escola.

Indicações culturais

Filme

ENTRE OS MUROS da escola. Direção: Laurent Cantet. França: Imovision, 2008. 128 min.

O filme é um retrato da educação francesa contemporânea. Professores bem-intencionados de uma escola de periferia preparam suas aulas e, entre uma e outra, discutem os problemas de aprendizagem dos alunos. Na sala de aula, há alunos com diferentes culturas e problemas. Embora retrate um país diferente do Brasil, os desafios enfrentados por professores e estudantes são muito semelhantes aos da realidade brasileira.

Livro

HELLER, A. **O cotidiano e a história**. Tradução de Roberta Gomes da Silva. 4. ed. São Paulo: Paz e Terra, 1992.

Nesta obra, Heller desenvolve o conceito de *vida cotidiana* e mostra como a história é resultado da vida cotidiana de todo ser humano.

Atividades de autoavaliação

1. De acordo com Rockwell e Ezpeleta (1989), é possível pensar a construção de cada escola como imersa num movimento histórico amplo, mas sem perder de vista que cada instituição de ensino é uma versão única nesse movimento que constitui o cotidiano escolar pela experiência dos sujeitos. De acordo com o que estudamos neste capítulo, é correto afirmar:
    a) O cotidiano é a soma de tudo aquilo que acontece e não tem sentido nem significado para a compreensão da escola.

b) O estudo do cotidiano escolar possibilita a descoberta de que uma totalidade possa revelar-se em alguma de suas partes.

c) O cotidiano escolar não é fundamental para a compreensão de como os sujeitos recebem a filosofia em sala de aula, já que os problemas filosóficos estão acima da vida cotidiana.

d) O método de análise da vida cotidiana estuda o ser humano genérico e abstrato em si.

2. Para Agnes Heller (2002, 2004), o ser humano produz e se autoproduz na vida cotidiana e ainda reproduz a própria sociedade e a história. Sob essa compreensão, qualquer uma das partes da vida cotidiana, mesmo que aparentemente fragmentária e imediata, faz parte da vida concreta. De acordo com o que estudamos aqui, o cotidiano escolar é:

a) regulado internamente pelo projeto político-pedagógico, pelo regimento escolar e pela proposta pedagógica curricular.

b) regulado exclusivamente pela mediação praxiológica do trabalho docente.

c) influenciado somente pelas dinâmicas internas à escola, já que esta apresenta forte capacidade de autodeterminação.

d) um todo homogêneo e constituído de procedimentos determinados pela legislação educacional.

3. Faz parte da finalidade da escola, segundo Philipe Meirieu (1998):

a) Preparar trabalhadores treinados e dóceis o suficiente para atender às necessidades da flexibilização dos processos produtivos.

b) Ensinar isoladamente os conhecimentos gerais e os conhecimentos técnicos profissionais, tendo em vista a formação humanista.

c) Ensinar a leitura, a escrita e o cálculo e fornecer referências culturais indispensáveis que permitam ao aluno enraizar-se em uma história e, ao mesmo tempo, abrir-se para outras culturas e outras civilizações.

d) Ensinar de acordo com os métodos da eficiência e da eficácia para que o cidadão possa se inserir no mercado de trabalho.

4. A categoria *práxis* nos possibilita compreender o processo de ensino de filosofia em sala de aula, mediado pela ação docente. Da mesma forma, não se pode ignorar que os sujeitos da aprendizagem têm seu processo de socialização na escola e fora dela mediado pela práxis e que o processo de aprendizagem da filosofia, por sua vez, não se faz sem essa mediação, para que se possa superar o pensamento espontâneo. Sobre isso, podemos afirmar:

a) A mediação do trabalho docente é irrelevante para o desenvolvimento da atitude filosófica do estudante, já que esta é uma característica de cada indivíduo.

b) A finalidade da mediação é transmitir o conhecimento filosófico aos alunos a fim de que estes desenvolvam a capacidade de leitura qualificada do textos filosóficos.

c) A mediação é fundamentalmente prática, a fim de integrar os alunos às atividades práticas da política como atividade profissional, fazendo com que se desenvolva, na sociedade, uma visão negativa da política.

d) A ação docente media praxiologicamente o processo de ensino e aprendizagem da filosofia, que tem início quando os problemas filosóficos são enunciados e assimilados cognitivamente, tornando-se mediadores de um processo de transformação da consciência ingênua do sujeito em direção à consciência filosófica.

5. Para Rockwell (1997), os sujeitos no cotidiano escolar criam estratégias sobre os processos sociais que determinam como proceder para aprender sobre o uso da linguagem oral e escrita, sobre os modos de raciocinar dos estudantes e sobre os rituais utilizados nos processos de aprendizagem. Quanto aos rituais de aprendizagem que compõem o cotidiano escolar, é correto afirmar:

    a) Aprender na escola significa aprender a usar os elementos que nela se encontram, ou seja, aprender é aprender procedimentos, práticas, rituais.

    b) Não há uma forma de aprender na escola, pois cada estudante aprende de um modo, de acordo com sua capacidade.

    c) Aprender na escola significa aprender a aprender, para ser, conviver e fazer.

    d) Aprender na escola significa assimilar conhecimentos e reproduzi-los em avaliações.

Atividades de aprendizagem

Questões para reflexão

1. Faça uma pesquisa sobre os principais documentos oficiais que regulam a vida de uma escola de educação básica e relacione esses documentos à vida cotidiana dessa instituição de ensino. Por exemplo: as rotinas do processo de ensino e aprendizagem, as atividades de classe e extraclasse, a formação dos professores, as reuniões com os pais, as atividades com os alunos etc.

2. Com base na pesquisa realizada na questão anterior, explane sobre a relação entre o que os documentos oficiais prescrevem e o que ocorre no cotidiano escolar.

Atividade aplicada: prática

Tomando como base a proposta de Carrilho (1987), prepare um plano de aula de filosofia para uma turma de primeiro ano de ensino médio. Indique o conteúdo, os objetivos, a metodologia que deverá ser adotada, as estratégias de ensino e aprendizagem, o formato de avaliação e as referências bibliográficas usadas para a composição do plano.

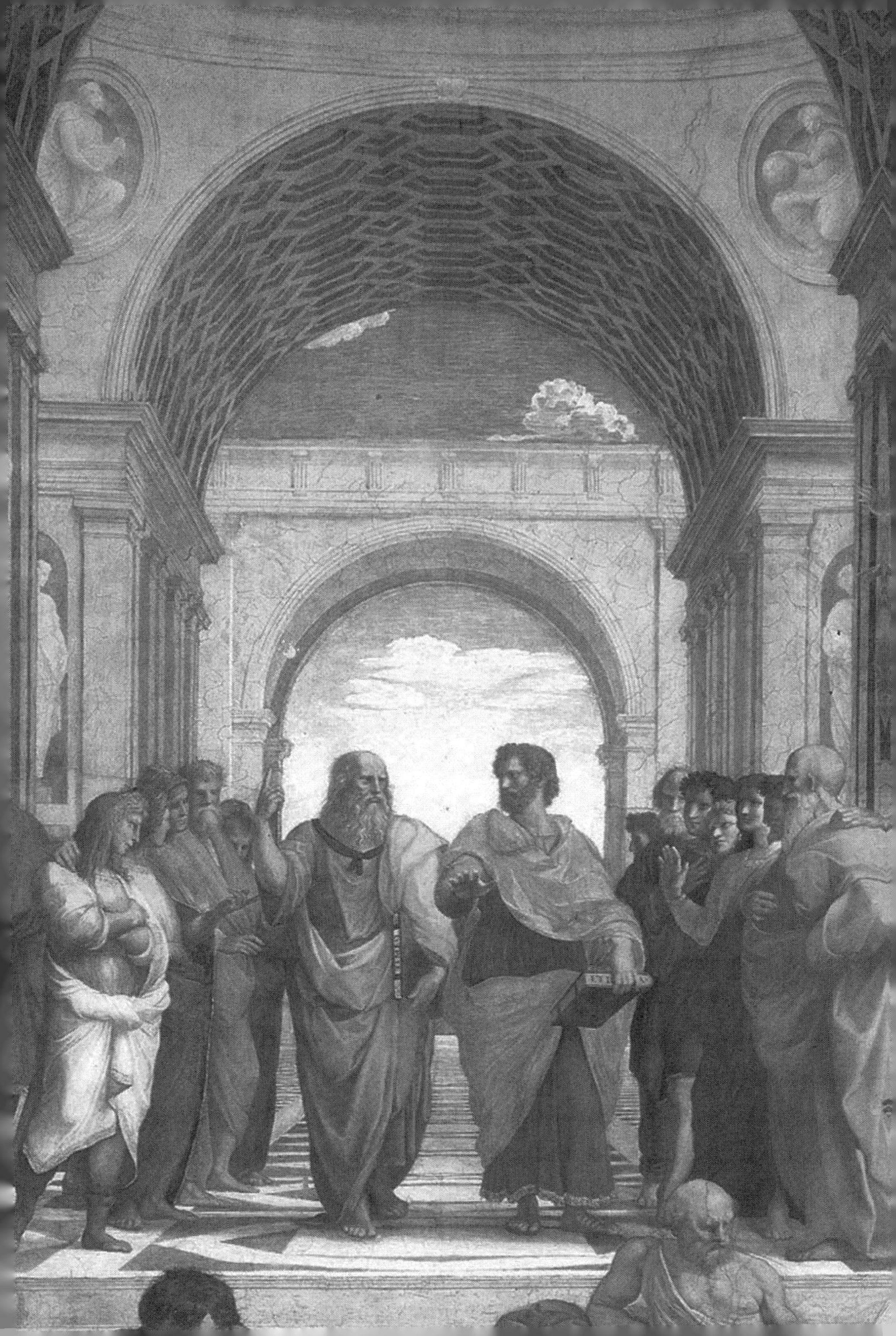

5

*Recepção da filosofia
e atitude filosófica*

Neste capítulo, faremos uma breve incursão pelo pensamento de Agnes Heller (1983, 2002, 2004), especialmente em relação ao conceito de recepção filosófica. Para tratar da recepção filosófica, a autora recorre ao conceito de atitude filosófica como resposta a um carecimento que ela expressa em três perguntas radicais: Como devo pensar? Como devo agir? Como devo viver? A tentativa de responder essas questões vitais é mediada pela recepção que as pessoas têm da filosofia. Por isso, a filosofia é uma forma de objetivação por meio da qual ocorre a satisfação de uma necessidade vital e a superação da vida cotidiana. A satisfação dessa necessidade pode ser observada quando analisamos a recepção que os sujeitos têm da filosofia. Para a autora, há muitos modos de recepção dessa ciência, que podem ser completas ou parciais e caracterizam três tipos de receptores: estético, entendedor e filosófico. Ressaltamos, a esse respeito, que toda forma de recepção é mediada pelo mundo vivido e pela forma como o receptor se relaciona com ele.

5.1
Recepção filosófica dos sujeitos do ensino médio

Como vimos anteriormente, na concepção de Heller (1983), a atitude filosófica é uma resposta unitária às perguntas radicais: Como se deve pensar? Como se deve agir? Como se deve viver? As respostas a essas questões são produzidas à medida em que se define a filosofia como um sistema de objetivações polifuncionais que buscam satisfazer os carecimentos radicais do ser humano, como a compreensão das relações de subordinação e domínio existentes no interior da sociedade da qual fazem parte todos os seres humanos, e não somente os filósofos profissionais, leitores e exegetas dos textos clássicos de filosofia.

A filosofia é uma forma de objetivação por meio da qual ocorre a satisfação de uma necessidade e a superação da vida cotidiana. Ao objetivar-se, o ser humano rompe com a vida cotidiana, assumindo-se como inteiramente humano, apropriando-se de um projeto, uma obra ou um ideal, superando a heterogeneidade da vida cotidiana, concentrando todas as suas energias para realizar, conscientemente e de forma autônoma, a atividade humana. Significa, por um lado, que concentramos toda a nossa atenção sobre uma única questão e suspendemos qualquer outra atividade. A filosofia é, portanto, uma objetivação por excelência, pois é baseada na crítica da realidade e contribui para que o ser humano tenha consciência máxima de seus atos e de sua própria essência (Heller, 2002).

A satisfação dessa necessidade pode ser observada por meio de análise da recepção que os sujeitos fazem da filosofia. Para a autora, há muitos modos de recepção da filosofia, que podem ser completas ou parciais e caracterizam três tipos de receptores: estético, entendedor e filosófico. Considerando que toda forma de recepção é mediada pelo mundo vivido e pela maneira como o receptor se relaciona com ele, toda forma de recepção da filosofia é sempre um mal-entendido, pois são infinitas as formas de interpretação dos sistemas filosóficos.

Assim, toda recepção filosófica é uma compreensão mal entendedora, o que não significa dizer que todo mal-entendido é uma recepção filosófica. A aprendizagem filosófica não ocorre de modo aleatório e da mesma forma para diferentes concepções de filosofia.

A recepção da filosofia realizada pelos sujeitos do ensino médio é mediada praxiologicamente pelo trabalho docente, e o carecimento dessa ciência não surge de modo espontâneo, mas é provocado e instigado pela mobilização e pela problematização docente. Certamente reside aqui o grande desafio docente no exercício da mediação praxiológica, que é o de instigar o carecimento da filosofia para que o sujeito do ensino médio se coloque diante das perguntas propostas pela filosofia radical: Como devo pensar? Como devo agir? Como devo viver?

As perguntas radicais propostas por Heller (1983) possibilitam-nos compreender o sujeito do ensino médio e situá-lo como um sujeito epistêmico (Como devo pensar?) e histórico-social (Como devo viver? Como devo agir?).

São as atitudes desses sujeitos que buscamos compreender, com base no modo como recebem a filosofia de forma mediada praxiologicamente em sala de aula, no ensino médio, e de como suas atitudes filosóficas são importantes para compreender o processo de ensino e aprendizagem dessa disciplina. Por isso, discorreremos brevemente sobre a filosofia radical conforme proposta por Heller (1983).

Uma atitude fundamental para aqueles que intentam ensinar-aprender filosofia é a necessidade de fazer os indivíduos **despertarem do sono dogmático**, que é sustentado em crenças presentes na vida cotidiana, por meio das quais "afirmamos, negamos, desejamos, aceitamos ou recusamos coisas, pessoas, situações" (Chaui, 2003, p. 12).

A relação entre dogmatismo e crenças da vida cotidiana está intimamente ligada ao problema da legitimação da filosofia ao longo de sua história. O enfrentamento com a ingenuidade – tanto da religião quanto da ciência e, em alguns momentos, da própria filosofia – faz parte desse processo de legitimação e rendeu, ao longo do tempo, algumas crises fundamentais que obrigaram a filosofia a propor novas questões sobre ela mesma e a desenvolver a capacidade de resolvê-las. O auge dessas crises pode ser observado no desenvolvimento do sistema crítico de Kant, "que investiga tanto as capacidades quanto a tarefa; no mesmo ato filosófico, fixa os limites da faculdade cognitiva – em particular da razão – e os limites da tarefa" (Heller, 1983, p. 9) da filosofia em pensar a si mesma e resolver seus problemas, como forma de legitimar o pensamento filosófico. O problema é que a resposta kantiana para legitimar a filosofia contribuiu também para a legitimação da consciência reificada da burguesia e a sustentação de suas revoluções, dando-lhe amparo teórico-metodológico.

Outro momento importante da crise da filosofia, no que se refere aos problemas dela mesma e de sua capacidade para resolvê-los, ocorreu mais tarde, quando Marx, nas teses contra Feuerbach, afirmou que "não se trata mais de indagar sobre a filosofia, mas sobre o mundo, que deve ser transformado para que a filosofia seja superada, não através de sua dissolução, e sim através de sua realização (Heller, 1983).

A **filosofia radical** proposta por Marx é uma alternativa de fazer frente à consciência burguesa reificada e sua crença – utopia negativa – de que o "mercado se autorregula e penetra completamente na sociedade" e sobre a "totalização da pura racionalidade com relação ao fim" (Heller, 1983, p. 10). Segundo a autora, é papel da filosofia radical a desfetichização da consciência reificada, especialmente aquela que se deixa guiar pela filosofia burguesa, como a pseudofilosofia positivista.

Para a consciência burguesa reificada, a filosofia é supérflua, desnecessária, inútil, sem função, fazendo-a recuar para uma posição de defesa, argumentando que, embora privada de algumas funções, essas privações são bem definidas.

São bem conhecidos os argumentos de Chaui (2003) a respeito da utilidade e inutilidade da filosofia, mas vamos retomá-los, especialmente quando a autora questiona: "o que é útil? Para que, e, para quem algo é útil? O que é o inútil? Por que, e, para quem algo é inútil?" (Chaui, 2003, p. 24). Depois de discorrer sobre a concepção de filosofia em diversos autores clássicos, desde a Antiguidade até a contemporaneidade, a filósofa paulistana apresenta o que, na sua compreensão, seria a inutilidade útil da filosofia.

Se abandonar a ingenuidade e os preconceitos do senso comum for útil; se não se deixar guiar pela submissão às ideias dominantes e aos poderes estabelecidos for útil; se buscar compreender a significação do mundo, da cultura, da história for útil; se conhecer o sentido das criações humanas nas artes, nas ciências e na política for útil; se dar a cada um de nós e à nossa sociedade os meios para serem conscientes de si e de suas ações numa prática que deseja a liberdade e a felicidade para todos for útil; se dar a cada um de nós e à nossa sociedade os meios para serem conscientes de si e de suas ações numa prática que deseja a liberdade e a felicidade para todos for útil, então podemos dizer que a filosofia é o mais útil de todos os saberes de que os seres humanos são capazes. (Chaui, 2003, p. 24)

A argumentação que busca localizar a utilidade e a necessidade da filosofia está sempre inserida em contextos de negação da própria filosofia, indicando que, na sociedade atual, "há um profundo carecimento de filosofia" (Heller, 1983, p. 10). Tal carecimento não se refere aos elementos pragmáticos e metodológicos da ciência, da arte ou da vida cotidiana. O tipo de carecimento é outro e mais profundo, pois "o que se busca é uma resposta unitária, uma resposta genuinamente filosófica às seguintes perguntas: Como se deve pensar? Como se deve agir? Como se deve viver?" (Heller, 1983, p. 11-12).

Ao atribuir à filosofia a função de dar uma resposta unitária às perguntas* de como se deve pensar, como se deve agir, como se deve viver, a autora retoma a tradição marxista da filosofia radical e dá à disciplina não uma importância meramente retórica de interpretação do mundo por meio da exegese de textos filosóficos, mas uma importância teórico-prática, no sentido da transformação do mundo, como anunciado por Marx na XI Tese contra Feuerbach.

Ao buscarmos uma definição para a essência e a função da filosofia, é importante fazê-lo partindo da compreensão de uma filosofia não circunscrita ao filósofo profissional ou à história da filosofia, pois estas nos levam apenas a compreender que o filósofo é o único representante da filosofia e o coloca como único sujeito no sistema objetivo de carecimento**.

Os carecimentos (necessidades) radicais formam-se "nas sociedades fundadas em relações de subordinação e de domínio, mas não podem ser satisfeitos quando estão no interior delas. São carecimentos cuja satisfação só é possível com a superação dessa sociedade" (Heller, 1983, p. 143).

---

*   Para Chaui (2003), a atitude filosófica é sempre a mesma, independentemente do conteúdo investigado, mas não podemos dizer o mesmo sobre a filosofia que investiga. Suas perguntas são diferentes das apresentadas por Heller (1993), quais sejam: "O que é? Como é? Por que é?" (uma coisa, um valor, uma ideia, um comportamento). Mas é comum também encontrar em livros de introdução à filosofia ou em manuais didáticos as questões: Quem somos? De onde viemos? Para onde vamos? Essas questões de natureza existencial podem seguir diversas concepções filosóficas na forma de respondê-las.

**   O conceito de *carência* ou *carecimento* é utilizado por Heller (1993) no sentido da identificação e do reconhecimento de uma necessidade daquilo que a filosofia oferece àqueles que dela se ocupam.

Se buscarmos compreender tanto a essência quanto a função da filosofia por meio de um sistema de objetivações "polifuncionais", será possível compreender a filosofia por meio da satisfação de vários carecimentos em uma única objetivação, assim como ocorre na arte, na ciência e na religião. Dado que a filosofia constitui um sistema autônomo de objetivações concluído em si mesmo, "a satisfação do carecimento ocorre para ela sob a forma de única recepção. Somente a partir da análise dos receptores, portanto, podemos afirmar quais de suas funções sociais são primárias e quais são secundárias" (Heller, 1983, p. 13).

5.2
Recepção da filosofia e aprendizagem da filosofia

Para compreendermos a recepção filosófica, é necessário, antes, analisarmos dois pontos fundamentais: a estrutura da expressão filosófica e a apropriação da filosofia.

Pensamos ter identificado no pensamento de Heller (1983) um ponto fundamental para a compreensão do significado da aprendizagem no ensino de filosofia: buscar a essência e a função da filosofia tomando como referência não o filósofo profissional ou a própria história da filosofia, mas os sujeitos do ensino médio, pois apresentam um carecimento polifuncional dessa ciência. Além disso, buscaremos compreender o modo pelo qual eles realizam sua recepção: Como se deve pensar, como se deve agir, como se deve viver? É por essa filosofia que nos posicionamos aqui.

O reconhecimento de que a filosofia é importante não especificamente quanto aos conteúdos aprendidos, mas sim como atitude filosófica a ser exercitada por meio da defesa das próprias ideias e do debate, é um elemento importante a ser considerado na discussão da aprendizagem filosófica, em especial no ensino médio. De alguma forma, os estudantes compreendem a Filosofia como uma disciplina que contribui para sua formação no sentido existencial, o que corrobora as pesquisas *stricto sensu* aqui analisadas anteriormente e que apontam para as questões existenciais dos estudantes como o conteúdo e o critério para análise da aprendizagem filosófica. Mas, antes de seguirmos por essa via, buscaremos compreender a questão da recepção filosófica e suas várias possibilidades apontadas por Heller (1983).

A autora concebe a filosofia como crítica à realidade. Portanto, não se trata de uma filosofia qualquer, mas de uma filosofia que possibilita o rompimento e a superação da cotidianidade instituída.

> *Como sabemos, a filosofia é uma utopia racional que ordena o mundo segundo o critério de dever-ser do Bem e do Verdadeiro. Ela constitui o seu Bem e Verdadeiro, o seu valor supremo, que tem por missão guiar o homem, indicar-lhe como deve pensar, como deve agir, como deve viver. A utopia da filosofia é uma utopia da racionalidade com relação ao valor. [...] a função da filosofia como satisfação do carecimento de racionalidade com relação ao valor, de uma racionalidade liberta de preconceitos.*
> (Heller, 1983, p. 55)

Assim como a arte, a filosofia tem como função acabar com os preconceitos por meio de sua recepção. Os critérios do dever-ser do bem e do verdadeiro remetem ao comportamento moral. A moral tem como função a inibição do veto, a transformação e a culturalização das aspirações da particularidade individual, centrada na liberdade de escolha.

> *Quanto maior é a importância da moralidade, do compromisso pessoal, da individualidade e do risco (que vão sempre juntos) na decisão acerca de uma alternativa dada, tanto mais facilmente essa decisão eleva-se acima da cotidianidade e tanto menos se pode falar de uma decisão cotidiana. Quanto mais intensa é a motivação do homem pela moral, isto é, pelo humano-genérico, tanto mais facilmente sua particularidade se elevará (através da moral) à esfera da genericidade.* (Heller, 2004, p. 24)

Não se trata aqui de compreender a moral com base na relação entre o moral e o imoral, mas sim de compreender a moralidade como uma dimensão da ação que possibilita a mediação entre o cotidiano e o não cotidiano, numa relação de tensão entre o indivíduo particular e o genérico.

São quatro os fatores que caracterizam o conteúdo moral das ações:

1. Elevação das motivações particulares que se definiram por uma opção referente à genericidade em oposição à particularidade.
2. Escolha dos fins e conteúdos voltados à genericidade, ou seja, os fins e conteúdos da ação não devem ser definidos por interesses do eu particular.
3. Constância na elevação a determinadas exigências, significando que buscar a superação dos interesses da particularidade deve ser uma opção constante e uma busca consciente, não um impulso do momento.
4. Capacidade de aplicar essas exigências em todas as situações da vida como busca consciente de elevação, tendo aplicabilidade nas situações concretas da vida. Não é, portanto, uma dimensão puramente etérea ou abstrata, mas deve se materializar no próprio cotidiano.

A suspensão da vida cotidiana não é definitiva, mas temporária. O homem dela sai e a ela retorna de forma modificada. Quanto mais frequentemente ocorrem os processos de homogeneização, tanto mais intensa será a apropriação da objetivação humana, enriquecendo sua percepção da vida cotidiana. Por meio dessa percepção, a singularidade se reconhece como universalidade participante, mesmo temporariamente, da plenitude existencial em comunhão consigo, com os outros homens e com o mundo. É importante atentar que a elevação da vida cotidiana à objetivação humana é algo excepcional para a maioria dos humanos. "A homogeneização em direção ao humano-genérico, a completa suspensão do particular-individual, a transformação em 'homem inteiramente' é algo totalmente excepcional na maioria dos seres humanos" (Heller, 2004, p. 28-29). Aqueles que se elevam da vida cotidiana a ela retornam como seres humanos singulares, experimentam uma tensão entre o particular, o individual e a homogeneização objetivada, como representantes do gênero humano e protagonistas do processo histórico global.

Tomando como referência o pensamento de Heller (1983) e sua compreensão da filosofia radical, trabalharemos aqui as formas de apropriação da filosofia, especialmente utilizando o conceito de *recepção filosófica*.

Antes de explicitar a análise dos tipos de recepção de Heller (1983), alertamos para a diferença existente entre recepção da filosofia e as abordagens especializadas da filosofia pelos peritos, que não são decorrentes do carecimento de filosofia, mas sim do puro interesse pela investigação científica particular. A recepção filosófica é decorrente do carecimento das objetivações filosóficas que "incitam o receptor a refletir sobre o modo como deve pensar, como deve agir, como deve viver. No interior do edifício filosófico, esses três momentos são unidos e inseparáveis; na recepção parcial, ao contrário, é possível a sua relativa separação" (Heller, 1983, p. 33).

Heller (1983) apresenta-nos uma extensa divisão dos tipos de receptores da filosofia com suas respectivas subdivisões, que procuramos sumarizar a seguir, a fim de que esse referencial possa ser útil na análise indicativa da recepção da filosofia pelos sujeitos do ensino médio.

Falamos de recepção completa para os tipos que compreendem ao mesmo tempo todos os três tipos da filosofia, refletem como deve pensar, agir e viver e de recepção parcial, para os que compreendem o primeiro, o segundo ou o terceiro momento.

> No primeiro caso, tem-se apropriação da objetivação filosófica, já que a intenção se dirige à objetivação. No segundo caso, a intenção não visa à objetivação filosófica, mas a recepção é o meio para produzir um outro efeito: desde a solução de problemas existenciais pessoais até a exposição de teorias em outras esferas. Veremos ainda que nem mesmo uma recepção preferencial, ou seja, parcial, ocorre isoladamente dos outros momentos. Há três tipos de recepção completa: a do receptor estético, a do entendedor e a do receptor filosófico propriamente dito. (Heller, 1983, p. 35)

A recepção completa abarca os três momentos da filosofia em resposta às perguntas vitais (Como devo pensar, viver e agir?). A recepção parcial concentra-se em apenas um momento e não consegue abarcar toda a filosofia, produzindo apenas resultados fragmentados. Heller (1983) especifica a recepção completa em categorias, conforme veremos a seguir.

5.3
Categorias de recepção da filosofia

Para Heller (1983), a **recepção estética** da filosofia se dá pela apropriação da **forma** da obra filosófica, que é diferente da apropriação do sistema (composto por várias obras). O receptor busca na forma estética da obra de filosofia algo que se adéque à sua recepção estética. Toda filosofia é uma forma de vida e, ao apropriar-se da forma estética da obra, o receptor se apropria de sua concepção de mundo e a transforma em conceitos lógicos e, consequentemente, numa experiência de vida. O receptor estético é aquele que vê a obra filosófica "como algo belo: por isso, a sua recepção será sempre catártica. Nele, a ideia não estimula, em primeiro lugar, outras ideias, mas sentimentos. Para ele, a recepção da forma significa: Encontrei! É assim que se deve pensar, agir, viver" (Heller, 1983, p. 36). A autora esclarece ainda que, "de modo análogo, pode ocorrer na recepção filosófica uma catarse negativa seguindo o esquema: Agora sei: posso ver que o todo não tem sentido" (Heller, 1983, p. 36).

A **recepção entendedora** tem um amplo domínio da **cultura filosófica** e a vê como parte orgânica da cultura como um todo, buscando compreender e interpretar os sistemas filosóficos e admirando seu caráter de obra humana: "O entendedor formula um 'juízo de gosto' filosófico; tem uma agudíssima sensibilidade para as diferenças entre as várias elaborações. Os entendedores formam o estável círculo dos que compreendem, julgam e leem filosofia" (Heller, 1983, p. 37).

Ainda na compreensão de Heller (1983), a **recepção filosófica** é a verdadeira recepção da filosofia, pois, para se apropriar filosoficamente da filosofia, o receptor escolhe somente uma filosofia como utopia racional, uma forma de vida, e decide viver coerentemente de acordo com ela. O fundamento da recepção filosófica é a compreensão que se faz com base na forma de vida do receptor, que é determinada pelos problemas da vida cotidiana. A recepção da filosofia pelo receptor é mediada pelas experiências vividas que decorrem de seu próprio mundo e de sua relação com ele.

> *Segundo a fórmula radical da filosofia juvenil da arte de György Lukács, toda compreensão é um mal-entendido. Os sistemas filosóficos são infinitos, tal como as obras de arte. Por isso, as suas possibilidades de interpretação são também inesgotáveis. [...] uma compreensão pode contrapor-se a outra, mas sempre de modo a que ambas possam ser aceitas como compreensão que – como qualquer compreensão – contém o momento do mal-entendido. [...] 'Toda compreensão é um mal-entendido' não implica, com efeito, que seja verdade o inverso.* (Heller, 1983, p. 38)

Esse caminho aberto por Heller possibilita, a nosso ver, uma nova perspectiva teórico-metodológica ao processo de ensino e aprendizagem da filosofia como recepção filosófica. No entanto, a autora faz um alerta sobre a diferença entre *mal-entendido* e *ignorância*, a qual consiste em qualquer interpretação que modifique os valores do sistema interpretado ou que atribua a um filósofo frases que ele jamais pronunciou. O receptor filosófico sempre se objetiva, e essa objetivação se funda sobre a mediação compreensiva mal-entendedora entre o sistema filosófico escolhido e o presente concretamente determinado (Heller, 1983).

> há um único critério geral de separação para remediar os erros de fato, uma vez excluída a ignorância. É o mesmo que vale para toda a filosofia ou arte: quando o intérprete subverte ou muda a hierarquia de valor, estamos diante – claramente – de um mal-entendido. Mas, na medida em que os diversos intérpretes conservam-se presos à hierarquia de valor da filosofia de Marx, devemos qualificar toda compreensão com mal-entendidos dessa filosofia igualmente verdadeira compreensão. (Heller, 1983, p. 143)

Uma compreensão de valor filosófico é circunscrita a determinadas classes, camadas, movimentos sociais, ou a seus interesses e necessidades e a escolha de uma filosofia evidencia essa afinidade. A recepção filosófica implica uma relação ativa com a filosofia, de modo que o receptor passe a vivenciá-la integralmente e desenvolva atitudes filosóficas: veja, pense e se comporte como filósofo. Dessa forma, o mal-entendido tem a função de levar a uma nova filosofia, a um novo sistema filosófico e não é, nesse sentido, um erro por ignorância, e sim a fundação de um novo sistema filosófico.

Na recepção filosófica parcial, os três momentos da objetivação da utopia racional – reflete como deves pensar, agir e viver – ocupam uma função isolada, de forma que se pode excluir a possibilidade do conhecimento, até mesmo de um único sistema filosófico. "Ao contrário, a apropriação de uma única obra e, inclusive, de uma parte de uma única obra, pode provocar o sentimento do 'eureca'. 'Ora, finalmente eu vejo!'" (Heller, 1983, p. 41).

Heller (1983) especifica em três categorias a recepção parcial, das quais tratamos na sequência.

5.3.1 Recepção política

A **recepção política** ocorre quando a recepção filosófica parcial é guiada unicamente pelo "reflete como deves agir". Nesse sentido, *política* significa toda atividade dirigida à transformação da realidade social, e isso só é possível nas filosofias em que a utopia é também uma utopia social, em que está presente o confronto do *dever ser* com o *ser*, fazendo brotar as consequências sociais esperadas ou almejadas. A filosofia, e especialmente a filosofia política, é uma utopia racional, mas, se ela não for consciente disso, poderá transformar-se em ideologia por meio da recepção política.

> *A recepção ideológica não é nem compreensão nem mal-entendido, mas consiste em "extrair" do todo uma ou várias ideias, valores e formulações, em função da direção para a ação, ou melhor, da direção para o sucesso da ação. [...] Para o receptor ideológico, uma ideia filosófica, um valor ou um ideal representam efetivamente um "sinal", um símbolo, sob cuja proteção ele alcança a vitória e com o qual legitima suas vitórias e derrotas, sua atividade ou sua renúncia a ela.* (Heller, 1983, p. 44)

A proximidade entre a recepção política e a recepção ideológica é pequena e, às vezes, elas podem confundir-se na medida em que o receptor é guiado apenas pelo *como se deve agir*. O que as distingue é o caráter doutrinário da recepção ideológica que leva o receptor a uma ação política pontual, distanciando-se da utopia social, assumindo uma atitude proselitista.

5.3.2 Recepção filosófica parcial iluminadora

Na **recepção filosófica parcial iluminadora**, o receptor isola o momento do *como devo viver*, ignorando o *como devo pensar* e o *como devo agir*. O que ele busca é apenas dar sentido à própria vida, não se importando com nenhuma generalização de forma de vida oferecida pela filosofia. É uma recepção sentimental, na qual o receptor procura na filosofia uma forma de iluminar o sentido existencial de sua vida, buscando respostas a perguntas como: Por que estou no mundo? Qual é minha missão neste mundo?

São propícios à recepção iluminadora, por exemplo, o estoicismo e o epicurismo, ou filosofias que dão respostas às questões existenciais, especialmente as que dão pistas de como a vida deve ser vivida. O carecimento axiológico parece ser o que move os receptores na busca desse tipo de filosofia. Isso ocorre especialmente em momentos de crise dos valores.

Segundo Heller (1983), essa crise manifesta-se sob dois aspectos. O primeiro é o da dissolução da comunidade, caracterizada pela submissão de todos às normas. Isso faz com que não haja carecimento pessoal, pois tudo se resolve no âmbito da comunidade. O segundo é o enfraquecimento dos princípios religiosos e, consequentemente, do sentimento religioso, fazendo com que as respostas que antes a religião oferecia já não sejam suficientes para enfrentar os desafios da própria vida. Ao buscar as respostas na filosofia, o receptor seleciona a parte dela que ilumina sua vida.

Assim, a recepção iluminadora visa satisfazer o carecimento religioso provocado pela crise das religiões tradicionais e não pode ser chamada de *compreensão* e muito menos de *mal-entendido*, pois não tem sentido algum afirmar que o receptor entendeu mal ou não entendeu quando se deteve em apenas um pequeno fragmento de um sistema filosófico ou de um autor e disso depreendeu um ensinamento que iluminou sua vida, antes sem sentido. As filosofias apresentam a possibilidade da recepção iluminadora, uma vez que é o receptor que seleciona e elege os aspectos de determinada filosofia, a fim de satisfazer seu carecimento religioso (Heller, 1983).

5.3.3 Recepção guia do conhecimento

A **recepção guia do conhecimento** é a terceira forma de recepção parcial para Heller (1983) e constitui um tipo de recepção na qual o receptor se apropria do momento "reflete como devo pensar" e o transforma em guia do conhecimento. Essa forma de recepção dá a possibilidade ao cientista, por exemplo, de apropriar-se da filosofia pelo carecimento produzido por sua tarefa científica. Nem todas as filosofias são adequadas a esse tipo de recepção, somente as que têm como centro a fundação do conhecimento ou sejam sistemas filosóficos abrangentes e tenham um estatuto diverso, quer se tratem das ciências da natureza, quer se tratem das ciências da sociedade. O que as ciências modernas buscam na filosofia é a emancipação por meio da construção de seu próprio método para sua realização prática. Especificamente no caso das ciências sociais, estas buscam na filosofia uma hierarquia de valores por meio de uma "recepção avaliativo-cognoscitiva" (Heller, 1983, p. 50).

Em primeiro lugar, porque certamente, ao procederem assim, dão um passo em direção à desfetichização das teorias da sociedade, ou seja, abstraem-se do sistema de preconceitos da consciência cotidiana. Desse modo, o momento do 'espanto' – o questionamento do que parece óbvio – adquire espaço também no pensamento teórico-social. Em segundo lugar, porque – depois da escolha consciente de valores e do compromisso com eles – torna-se possível uma discussão de valor entre os sistemas teóricos, discussão através da qual, pelo menos, podem ser evitados os obstáculos representados pelos debates de valor cotidianos. E, em terceiro lugar, porque uma recepção avaliativo-cognoscitiva pode abrir caminho para a recepção completa da filosofia. Trata-se, contudo, de um pressuposto para que filosofia e teoria da sociedade voltem a ser encontrar. (Heller, 1983, p. 51)

A filosofia, em certa medida, assume o papel de aglutinadora das demandas das ciências da natureza e das ciências sociais por conta das necessidades originadas no interior da atividade científica dessas ciências, quando o cientista se coloca o imperativo de buscar na filosofia a fundamentação e a revisão de suas teorias, bem como a estruturação e a crítica do método.

Síntese

Neste capítulo, vimos que, de acordo com Heller (1983), a atitude filosófica é uma resposta unitária às perguntas radicais: Como se deve pensar? Como se deve agir? Como se deve viver? Esclarecemos que a filosofia é uma forma de objetivação por meio da qual ocorre a satisfação de uma necessidade existencial e a superação da vida cotidiana. Ao objetivar-se, o ser humano rompe com a vida cotidiana, assumindo-se como inteiramente humano, apropriando-se de um projeto, uma obra ou um ideal, superando a heterogeneidade da vida cotidiana, concentrando todas as suas energias para realizar, conscientemente e de forma autônoma, a atividade humana. Isso significa que concentramos toda a nossa atenção sobre uma única questão e suspendemos qualquer outra atividade. Comentamos que a filosofia é, portanto, uma objetivação por excelência, pois é baseada na crítica da realidade e contribui para que o ser humano tenha consciência máxima de suas necessidades e de sua própria essência, e também que a satisfação dessas necessidades pode ser observada analisando a recepção que os homens fazem da filosofia. Para Heller (1983), a recepção da filosofia pode ser completa ou parcial e existem três tipos de receptores da filosofia: receptor estético, receptor entendedor e receptor filosófico. Ainda segundo Heller (1983), a recepção completa abarca os três momentos da filosofia: Como devo pensar, devo viver e agir? Já a recepção parcial se concentra em apenas uma das perguntas e, por isso, sua resposta não consegue abarcar toda a filosofia, produzindo apenas resultados fragmentados.

A recepção da filosofia é, então, mediada pelo mundo vivido e pela forma como o receptor se relaciona com ele, por isso toda forma de recepção parcial da filosofia é sempre um mal-entendido, pois são infinitas as formas de interpretação dos sistemas filosóficos. A recepção da filosofia que é realizada pelos sujeitos do ensino médio é mediada praxiologicamente pelo trabalho docente, instigada pela mobilização e pela problematização. São as atitudes filosóficas dos sujeitos que nos ajudam a compreender o processo de ensino e aprendizagem da filosofia em sala de aula. Heller (1983) concebe a filosofia como crítica à realidade; portanto, não se trata de uma filosofia qualquer, mas de uma filosofia que possibilita o rompimento e a superação da cotidianidade instituída. O reconhecimento de que essa ciência é importante, não especificamente quanto aos conteúdos aprendidos, mas sim como atitude filosófica a ser exercitada por meio da defesa das próprias ideias e do debate, é um elemento importante a ser considerado na compreensão da aprendizagem filosófica, em especial no ensino médio.

Indicações culturais

Filme

O CAVALO de Turim. Direção: Béla Tarr. Hungria; França; Alemanha; Suíça; EUA: Midas Filmes, 2011. 146 min.

O velho fazendeiro Ohlsdorfer (Janos Derzsi) e sua filha (Erika Bok) dividem um cotidiano dominado pela monotonia. A realidade dos dois é observada pela vista da janela e as mudanças são raras. O filme é uma boa reflexão a respeito da vida cotidiana relacionada à filosofia.

Livro

HELLER, A. **A filosofia radical**. Tradução de Carlos Nelson Coutinho. São Paulo: Brasiliense, 1983.

Nessa obra, Agnes Heller desenvolve sua compreensão acerca da filosofia como forma de objetivação humana existencial por meio das perguntas radicais: Como devo pensar? Como devo agir? Como devo viver? Tendo em vista que essa obra foi a base estrutural para nossos estudos neste capítulo, recomendamos a leitura completa dela.

Atividades de autoavaliação

1. Na concepção de Agnes Heller (1983), conforme vimos neste capítulo, a atitude filosófica é uma resposta unitária às perguntas radicais: Como se deve pensar? Como se deve agir? Como se deve viver? As respostas a essas questões são produzidas à medida em que se define a filosofia como um sistema de objetivações polifuncionais que buscam satisfazer os carecimentos radicais do ser humano, como a compreensão das relações de subordinação e domínio existentes no interior da sociedade da qual fazem parte todos os seres humanos, e não somente os filósofos profissionais. Sobre a concepção de filosofia para a autora citada, é correto afirmar:

    a) A filosofia é uma forma de objetivação e, ao objetivar-se, o ser humano rompe com a vida cotidiana, assumindo-se como inteiramente humano e apropriando-se de um projeto, uma obra ou um ideal, de forma a superar a heterogeneidade da vida cotidiana, concentrando todas as suas energias para realizar, conscientemente e de forma autônoma, a atividade humana.

    b) A filosofia estabelece uma relação entre dogmatismo e crenças da vida cotidiana, e essa relação deu legitimidade à filosofia ao longo da história.

    c) A filosofia é a resposta teórica para legitimar a consciência reificada da burguesia e a sustentação de suas revoluções, dando-lhe amparo teórico-metodológico.

    d) A filosofia é supérflua, desnecessária e inútil, embora algumas de suas funções sejam importantes para a legitimação da vida cotidiana.

2. Heller (1983) concebe a filosofia como crítica à realidade. Portanto, não se trata de uma filosofia qualquer, mas daquela que possibilita o rompimento e a superação da cotidianidade instituída. Sobre a compreensão que a autora apresenta sobre a filosofia, é correto afirmar:
    a) A filosofia é importante, não especificamente quanto à atitude filosófica, mas sim quanto aos conteúdos aprendidos a serem exercitados.
    b) A filosofia possibilita a negação da cotidianidade instituída em busca de uma vida espiritual elevada.
    c) A função da filosofia é acabar com os preconceitos por meio de sua recepção. Os critérios do dever ser do bem e do verdadeiro remetem ao comportamento moral.
    d) A filosofia deve dar uma resposta unitária às perguntas: Quem sou? De onde vim? Para onde vou?

3. De acordo com Heller (1983), a recepção completa e que abarca os três momentos da filosofia em resposta às perguntas vitais – Como devo pensar? Como devo viver? Como devo agir? – é constituída por:
    a) recepção estética, recepção entendedora e recepção filosófica.
    b) recepção artística, recepção entendedora e recepção religiosa.
    c) recepção conhecedora, recepção teológica e recepção humanista.
    d) recepção científica, recepção mística e recepção positivista.

4. Dentre as alternativas a seguir, assinale a que, de acordo com Heller (1983), corresponde à recepção parcial, que se concentra em apenas um momento e não consegue abarcar toda a filosofia, produzindo apenas resultados fragmentados:

a) Recepção sociológica, recepção filosófica e recepção matemática.
b) Recepção política, recepção iluminadora e recepção guia do conhecimento.
c) Recepção superficial, recepção transcendental e recepção sensorial.
d) Recepção discursiva, recepção lógica e recepção intelectual.

5. De acordo com o que vimos neste capítulo, na compreensão de Heller (1983), a recepção filosófica é a verdadeira recepção da filosofia, pois:

a) o receptor escolhe somente uma filosofia como utopia racional, uma forma de vida, e decide viver coerentemente de acordo com essa filosofia.
b) o receptor tem um amplo domínio da cultura filosófica e a vê como parte orgânica da cultura.
c) o receptor se apropria da forma da obra filosófica, que é diferente da apropriação do sistema.
d) o receptor busca na filosofia uma forma de iluminar o sentido existencial de sua vida, buscando respostas às perguntas Por que estou no mundo? e Qual é minha missão neste mundo?

Atividades de aprendizagem

Questões para reflexão

1. Após analisar o conteúdo deste capítulo, quais contribuições você considera que Heller (1983) dá ao ensino de filosofia no ensino médio?

2. Reflita a respeito de sua recepção filosófica, explanando que tipo de recepção você faz da filosofia e por quê.

Atividade aplicada: prática

Faça uma pesquisa em diferentes tipos de discursos (políticos, religiosos, científicos) nos quais os autores utilizem citações de filósofos ou pensamentos filosóficos. Depois, crie um texto explanando suas percepções, ou o que você considera mais proeminente, a respeito dos diferentes tipos de recepção que os autores analisados fazem da filosofia.

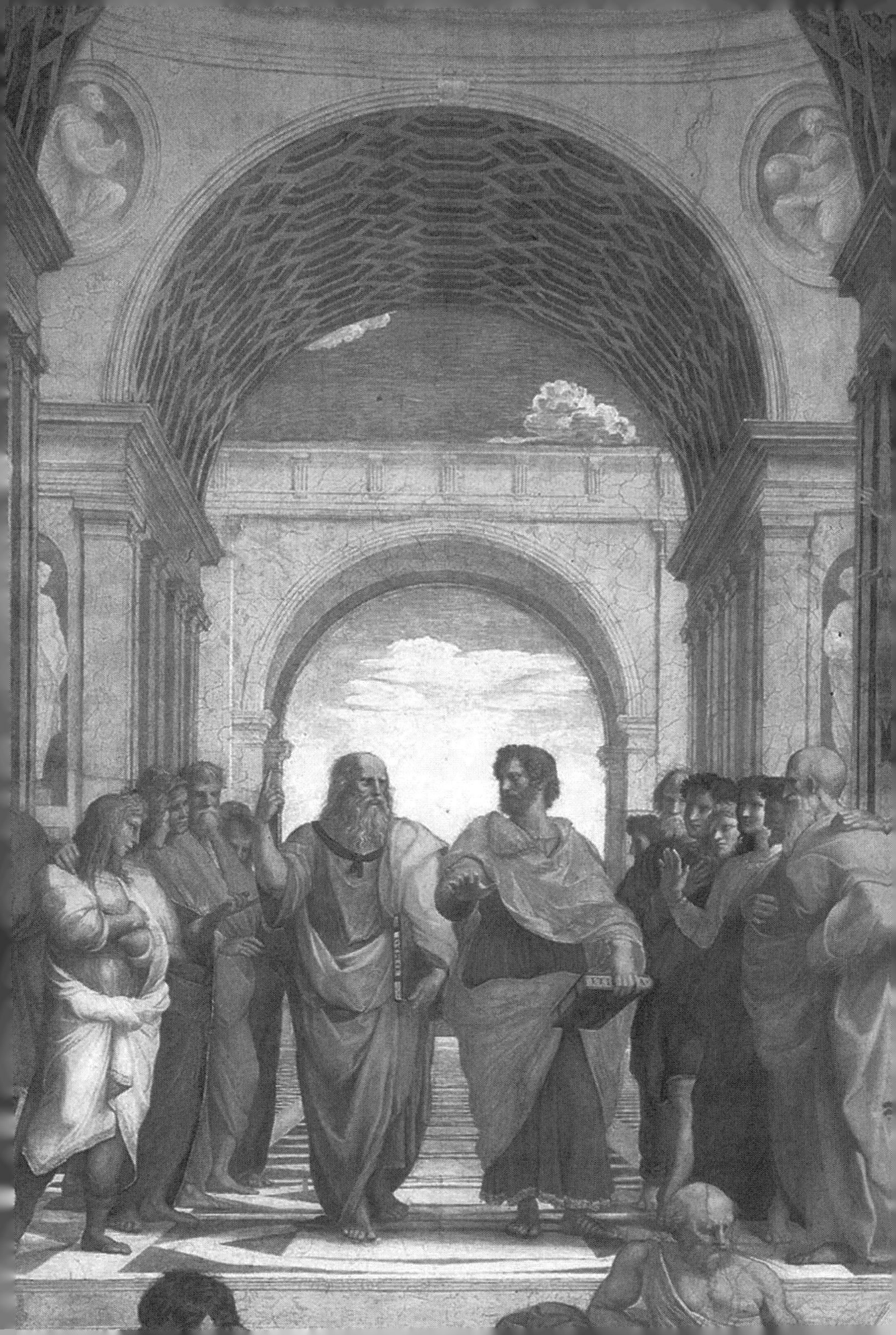

6
Avaliação qualitativa da aprendizagem filosófica

Neste capítulo, analisaremos o problema da avaliação no ensino de filosofia, recorrendo à legislação educacional e problematizando a questão da avaliação com base na concepção de que, como disciplina da matriz curricular do ensino médio, a Filosofia participa das obrigações e incumbências das demais disciplinas, por exemplo, avaliar o processo de ensino e aprendizagem. Analisaremos as especificidades dessa disciplina que, embora tenha conteúdo a ser ensinado, não deve pautar o processo de avaliação do ensino e da aprendizagem filosófica na transmissão pura e simples dos conteúdos. É necessário, portanto, considerar as especificidades dos sujeitos desse nível de ensino e do processo de mediação docente, razão pela qual buscaremos entender como avaliar o processo de desenvolvimento da atitude filosófica, a fim de investigar problemas, de forma mediada pela ação docente, por textos filosóficos e pela vida cotidiana.

6.1
Ensino de filosofia e avaliação da aprendizagem

A problemática da avaliação da aprendizagem filosófica no ensino médio pode ser evidenciada quando analisamos o processo de alteração do art. 36 da Lei de Diretrizes e Bases da Educação Nacional (LDBEN) – Lei n. 9.394, de 20 de dezembro de 1996 (Brasil, 1996) –, no qual a Filosofia figura no currículo escolar como disciplina análoga às demais. Isso é confirmado também pela Resolução CNE/CEB n. 2, de 30 de janeiro de 2012 (Brasil, 2012), do Conselho Nacional de Educação (CNE), que define as Diretrizes Curriculares Nacionais para o ensino médio.

O art. 9º da resolução do CNE, que regulamenta a lei federal, afirma que a legislação nacional determina os componentes obrigatórios que devem ser tratados em uma ou mais das áreas do conhecimento para compor o currículo, e define "a Filosofia e a Sociologia em todos os anos do curso" (Brasil, 2012, p. 20). A resolução do CNE visa regulamentar a lei federal, já que anteriormente o próprio órgão havia deliberado sobre a disciplina, mas sem o devido amparo da LDBEN, que não dava à filosofia o *status* de disciplina curricular, e sim de conhecimento necessário ao exercício da cidadania (Brasil, 1996). A lei e a resolução federal dão à Filosofia o mesmo *status* das demais disciplinas, pois, por determinação desses dispositivos, ela passou a constar na matriz curricular como disciplina da base nacional comum, obrigatória em todos os anos do curso.

Mas o que significa dizer que a Filosofia é análoga às demais disciplinas do currículo escolar? Parte da resposta a essa pergunta está no art. 15, parágrafo 1º, da mesma resolução, o qual afirma que é responsabilidade de cada escola elaborar seu Projeto Político-Pedagógico, e no parágrafo 2º, que afirma que os estudantes e os professores devem ser considerados sujeitos históricos e de direitos, participantes ativos e protagonistas na sua diversidade e singularidade. Assim, a Filosofia, como disciplina da matriz curricular, participa das obrigações e incumbências das demais disciplinas e também da elaboração dos documentos que organizam o processo de ensino e aprendizagem, considerando as especificidades dos sujeitos desse nível de ensino.

A legislação educacional estabelece ainda critérios importantes que caracterizam o trabalho docente tendo como pauta o cotidiano escolar. Um deles é considerar estudantes e professores como sujeitos do processo histórico e de direito, participantes ativos e protagonistas do processo de ensino e aprendizagem, o que implica também admitir que os sujeitos da aprendizagem não são meros receptáculos dos conteúdos. Dessa forma, como a Filosofia é uma disciplina do currículo escolar, é necessário que aqueles que nela atuam participem da construção do Projeto Político Pedagógico da escola, de forma a contribuir para a formação integral e possibilitar o acesso aos conhecimentos e saberes, definidos com base no diagnóstico e na análise do conteúdo, que são fundamentais à formação integral daqueles sujeitos.

O conjunto de conhecimentos e conteúdos de uma disciplina curricular serão definidos somente com base na análise do contexto e na necessidade dos sujeitos ali inseridos. Para conhecer o contexto e os sujeitos, a legislação recomenda a realização de um diagnóstico de análise e avaliação.

O processo de avaliação da aprendizagem deve ser realizado como diagnóstico preliminar e entendido como processo de caráter formativo, permanente e cumulativo, para que se possa realizar o acompanhamento da vida escolar dos estudantes, promovendo o reconhecimento do desempenho e a análise dos resultados (Brasil, 2012).

Ao abordarmos o problema da avaliação do ensino e da aprendizagem da filosofia no ensino médio, descobrimos que, para responder às questões referentes a esse problema, precisamos considerar os sujeitos dessa aprendizagem.

O jovem do ensino médio é um sujeito socialmente localizado, que se orienta pelas lógicas da integração, da estratégia e da subjetivação que regem sua experiência social. A escola propicia uma de suas possibilidades de realização epistêmica, um meio no qual ele pode articular sua experiência com as lógicas do mercado, da cultura e da comunidade. Mas não o único, pois ele está envolvido em muitas outras esferas da vida cotidiana, uma vez que vive e está inserido em relações familiares e em diferentes grupos sociais (tribos), por meio dos quais concretiza seu círculo de relacionamento, sua inserção no mundo produtivo e de consumo, sua vinculação com as atividades de cultura, esporte e lazer – enfim, há uma infinidade de meios pelos quais esse sujeito epistêmico, histórico e social se constitui.

O jovem sujeito do ensino médio está aberto a inúmeras possibilidades de exercer sua criatividade, mas pode fechar-se e resistir àquilo que, para ele, não faça sentido e não se apresente como alternativa e finalidade concreta, como a escola e o processo de escolarização e, mais especificamente, a filosofia com a qual se relaciona em sala de aula. Além disso, ele é também estudante no cotidiano escolar sobre o qual recai a responsabilidade de estudar os conteúdos de uma série de disciplinas e também a de dar conta de sua vida diária. Ele é um ser humano dotado de qualidades, imperfeições e vida social, cultural, econômica etc.

Nesse sentido, o jovem do ensino médio não pode ser concebido conforme é idealizado nos projetos governamentais e econômicos, uma vez que é um ser espontâneo, com fraquezas e virtudes, defeitos e capacidades, e que vive num mundo concreto, repleto de acontecimentos e distrações.

Tendo isso em conta, cabe-nos questionar: Qual o significado da aprendizagem filosófica para o jovem do ensino médio? Para responder a essa pergunta, encontramos evidência de que a aprendizagem filosófica está profundamente imbricada com a atitude filosófica do jovem em relação à vida cotidiana na qual está inserido.

6.2
Mediação docente e aprendizagem da filosofia

O problema da atitude filosófica é tão antigo quanto a própria filosofia. Vale dizermos que a filosofia que se pratica depende fundamentalmente da atitude intencional do sujeito diante do mundo, e esse é um dos motivos pelos quais é adequado nos referirmos a ela no plural, pois cada uma é resultado da diversidade de formas e intencionalidades pelas quais o ser humano recebeu e recebe a filosofia.

> *O que distingue a atitude filosófica da atitude não filosófica?*
> É o exercício do filosofar que leva à atitude filosófica, pois "frente à crença ingênua na realidade do mundo e ao dogmatismo característico da atitude natural surge o 'sentido da ambiguidade'; acometido pela consciência da ignorância o homem que muda de atitude está na atitude filosófica" (Zuben, 1992, p. 1).

Cerletti (2009), ao discutir a natureza do problema filosófico para o processo de ensino e aprendizagem da filosofia, coloca três questionamentos em pauta:
1. Seria possível dizer que o que se faz numa sala de aula de ensino médio pode ser considerado efetivamente *filosofia*?

2. Em que sentido existe, nesse nível de ensino, uma prática filosófica produzida pelos sujeitos do ensino médio?
3. Uma vez existindo, essa prática poderia ser comparada àquilo que os filósofos profissionais fazem, como a aquisição de conhecimentos filosóficos e o manejo dos procedimentos próprios do filosofar, como problematizar e buscar respostas para os problemas filosóficos?

Há "um espaço em comum entre filósofos – profissionais – e aprendizes. Esse espaço se caracteriza por uma atitude de suspeita, questionamento ou crítica, do filosofar" (Cerletti, 2009, p. 29). Portanto, **o que caracterizaria o início do processo do filosofar seria o desenvolvimento da atitude filosófica pelo sujeito receptor da filosofia.**

Para compreendermos o processo do filosofar e, consequentemente, as atitudes filosóficas desenvolvidas pelos estudantes, precisamos antes considerar o papel da mediação docente entre os sujeitos da aprendizagem e os conteúdos filosóficos, seus problemas e conceitos. A questão aqui é saber como a mediação praxiológica docente contribui para o desenvolvimento da atitude filosófica dos estudantes.

Uma possibilidade de compreendermos esse processo está em entendermos como os estudantes realizam a recepção da filosofia como conhecimento. É o que Heller (1983) chama de *recepção guia do conhecimento*, que é fundada na atitude filosófica – como devo pensar? A recepção guia do conhecimento é de natureza cognitiva e, dependendo do seu nível de intensidade, possibilita – não necessariamente – o desenvolvimento das outras duas atitudes como respostas às perguntas: Como devo agir? Como devo viver?

Na compreensão de Rockwell (1997), a aprendizagem ocorre no cotidiano escolar quando os estudantes se apropriam dos rituais, dos procedimentos e da linguagem – oral e escrita – que são considerados válidos na cultura escolar.

Outra possibilidade é problematizar o conteúdo, valendo-se de diferentes recursos, como vídeos selecionados criteriosamente para esse fim, e adotar estratégias específicas para leitura dos textos clássicos, de modo a instigar os estudantes a identificar e a analisar conceitos filosóficos, bem como usar a linguagem – oral e escrita – como forma de exercitar a argumentação, a crítica, o debate e a contradição, fazendo com que eles percebam, por meio da maiêutica socrática, os limites de suas formulações, ideias, juízos etc.

Concomitantemente à problematização inicial, é importante propor aos estudantes o contato com os textos clássicos, fazendo uso de metodologias e recursos adequados à leitura e ao estudo dessas obras. Esse processo tem como objetivo buscar referências conceituais para fundamentar a compreensão do problema inicial, e os resultados dessa investigação podem ser socializados em sala de aula, por meio da linguagem oral e escrita. Eis aí um rico momento para se realizar a avaliação qualitativa das problematizações construídas pelos estudantes.

É importante notar que não se trata de um trabalho espontaneísta, pois há constante mediação docente, a qual planeja, coordena, orienta e reorienta o processo de pesquisa e as discussões no laboratório de investigação filosófica. Isso também é evidenciado pelos estudantes.

A avaliação do ensino e da aprendizagem é mediada praxiologicamente pelo trabalho docente, a fim de compreender o processo de recepção filosófica que tem início quando os estudantes problematizam, ainda que no nível introdutório, suas compreensões e, ao estudarem os textos filosóficos, evidenciam assimilar o pensamento dos autores e elegem conceitos para a compreensão do problema investigado. Eles se apropriam, de certo modo, da leitura dos textos clássicos e do pensar os problemas filosóficos, conectando-os com os problemas de sua vida cotidiana. O professor-filósofo tem um papel importante como mediador do processo de ensino e aprendizagem, realizando o que entendemos ser "a tarefa de um professor de filosofia que, na nossa compreensão, é instigar o estudante a pensar e a apoiar-se nos textos clássicos para fazer a leitura do seu tempo" (Schlesener, 2013, p. 9).

> Ao lançar mão dos ritos de aprendizagem a fim de investigar o problema enunciado por meio dos conceitos filosóficos; ao colocar os estudantes na condição de realizar o processo de investigação filosófica por meio da leitura e da interpretação dos textos clássicos de filosofia, problematizados com base em situações presentes no cotidiano dos estudantes; ao valorizar a oralidade nas apresentações, fazendo da sala de aula um laboratório de investigação problemática-conceitual; e, sobretudo, ao produzir o registro das produções discentes, o professor-filósofo mobiliza os estudantes para o exercício do filosofar, fazendo com que produzam materiais qualitativos de forma oral e escrita, para que ele – professor-filósofo – obtenha evidências de que o processo de aprendizagem ocorre quando a atitude filosófica está imbricada com todo o processo de ensino da filosofia.

É possível ainda propor aos estudantes que realizem sua autoavaliação, a fim de analisar: Qual foi a compreensão que desenvolveram sobre o problema investigado? Aonde conseguiram chegar? Foi possível notar alguma forma de apropriação dos conceitos trabalhados? Conseguiram relacionar os conceitos e produzir alguma análise do problema? Conseguiram pensar alguma situação da vida cotidiana que articule os conceitos investigados?

Podemos perguntar ainda: Como o desenvolvimento da atitude filosófica constitui-se em aprendizagem da filosofia? As produções realizadas pelos estudantes podem evidenciar como eles se apropriaram dos conceitos presentes nos textos estudados e os utilizaram para produzir as próprias análises da política de forma contextualizada com sua vida cotidiana e com a sociedade, desenvolvendo, para isso, diferentes atitudes – por exemplo, de estranhamento, problematizadora e crítica.

O desafio mediador da ação docente consiste em fazer a ponte entre a vida cotidiana e os textos clássicos de filosofia no laboratório de investigação filosófica. Por isso, é fundamental que a aula de filosofia tenha como ponto de partida os problemas da vida cotidiana dos sujeitos do ensino médio e que, mediados pela ação praxiológica docente, os estudantes façam os próprios questionamentos, a fim de que investiguem seus problemas por meio dos textos da tradição filosófica e cheguem às próprias conclusões, mesmo que estas resultem de um mal-entendido.

Por exemplo, mediados pela ação docente, os estudantes elegem problemas e são capazes de ler textos filosóficos clássicos, apropriando-se dos seus conceitos para dar significado aos problemas cotidianos da política. Aprendem que o conhecimento é dinâmico e o questionamento dos colegas não desmerece o trabalho realizado, e sim possibilita aos interlocutores aprofundar ou demonstrar o elemento que, por alguma condição, estava implícito, e cuja explicitação pode trazer benefício para o entendimento do ponto abordado. A atitude filosófica dos sujeitos do ensino médio constitui-se como aprendizagem filosófica no cotidiano escolar.

Para que o estudante possa desenvolver atitude filosófica, é importante que o professor também manifeste sua atitude filosófica no processo de ensino e aprendizagem, a fim de que a filosofia tenha significado no cotidiano dos sujeitos. As mediações praxiológicas contribuem para o modo como ocorre a recepção da filosofia e, consequentemente, o desenvolvimento de atitudes filosóficas significativas para os sujeitos do ensino médio, especialmente no que se refere ao processo por meio do qual eles se apropriam dos ritos do filosofar, possibilitando a investigação e a análise do problema filosófico como condição para desenvolver o pensamento rigoroso, fazendo com que o processo de aprendizagem possa ocorrer de maneira significativa ao educando. É relevante destacar que "é a partir do conjunto de conceitos e concepções que o conteúdo filosófico vai se moldando e se configurando, fornecendo assim os elementos necessários para a análise teórica e a compreensão do cotidiano vivenciado pelo estudante" (Horn, 2009, p. 83).

Para que isso ocorra, é necessário que a aula de filosofia seja um laboratório de investigação conceitual e que os problemas e conceitos filosóficos sejam de fato trabalhados como fio condutor do processo de aprendizagem. É preciso que o diálogo dos estudantes com o texto clássico de filosofia ocorra mediado por recursos didáticos – mapas conceituais e comentários a textos clássicos, por exemplo –, para subsidiar os estudantes no processo de investigação. Além disso, o diálogo com os autores clássicos da filosofia, bem como seus problemas e conceitos, precisa ser contextualizado no cotidiano político e social da sociedade contemporânea na qual os estudantes estão inseridos.

Por sua vez, a investigação dos problemas e conceitos filosóficos deve provocar o sujeito do ensino médio a posicionar-se e a pensar filosoficamente os problemas de sua vida cotidiana, lançando mão da história, das tecnologias da informação e comunicação (TICs) e de outras áreas do conhecimento como interfaces possíveis para o exercício do filosofar em sala de aula, condição necessária ao desenvolvimento da atitude filosófica.

É importante compreender que não há receitas prontas e acabadas que nos digam como ensinar e aprender filosofia em sala de aula no ensino médio, mas que há algumas possibilidades, desde que sejam atendidas algumas exigências mínimas para essa aprendizagem: "aprender filosofia é conhecer a sua história, adquirir uma série de habilidades argumentativas/cognitivas e desenvolver atitudes diante da realidade, construindo um novo olhar sobre o mundo" (Cerletti, 2009, p. 12). Isso se aplica tanto para quem pretende "ensinar filosofia" como para aqueles que intentam "aprender filosofia", especialmente no cotidiano escolar do ensino médio.

Para Heller (1983), a filosofia como amor à sabedoria contém dois momentos conceituais: o saber verdadeiro e o comportamento reto, bom. Na acepção do conceito, há uma unidade entre Verdade e Bem, da qual decorrem todas as filosofias, ou seja, é a unidade sobre a qual todos os filósofos se debruçaram e se dedicaram a procurar. Realizar o exercício filosófico com os estudantes do ensino médio é fazê-los participar dessa tradição de mais de 2.600 anos.

Toda a filosofia é baseada na unidade do bem e do verdadeiro e apresenta duplo aspecto: sistema e atitude filosófica. Todo sistema filosófico apoia-se na tensão entre ser e dever, e é essa tensão que o distingue, ou seja, a polarização em um dos lados tensionados é o que caracteriza o sistema filosófico. No entanto, não pode haver um sistema filosófico sem a atitude filosófica, ou seja, ambos constituem a filosofia como uma racionalidade (Heller, 1983). Dessa forma, o ensino de filosofia no ensino médio, quando pautado na transmissão e na assimilação de conhecimentos apenas dos sistemas filosóficos, é estéril, não produz pensamento, compreensão, interpretação, mal-entendido. O desafio da mediação docente é, ao trabalhar com os conteúdos, desenvolver atitudes filosóficas; mas, para que os estudantes as desenvolvam, é preciso antes que o professor-filósofo demonstre praxiologicamente essas atitudes.

Todas as filosofias são uma utopia racional, pois não são apenas *dever ser*, uma vez que oferecem a utopia efetiva ao ser humano que pensa de modo autônomo o pensamento disciplinado e sistemático. A racionalidade da filosofia é real e não mera aparência, já que a filosofia só pode deduzir o que já conhece (Heller, 1983). Por isso, o laboratório de investigação filosófica não é um espaço no qual cada participante apenas apresenta suas opiniões pautadas no senso comum. É um espaço de investigação conceitual pautada no rigor metodológico e científico, na investigação de problemas filosóficos do cotidiano dos estudantes e da sociedade, mas também em saber como os filósofos da tradição filosófica compreenderam esses problemas e produziram suas respostas, indagando qual a atualidade dessas respostas para a vida cotidiana dos sujeitos do ensino médio.

A atitude filosófica começa com o espanto, com a "norma" da consciência livre dos preconceitos, e constrói seu sistema evidenciando a relação entre sistema e atitude filosófica. Mas cabe às filosofias mostrar de quais "preconceitos", "opiniões", "conteúdos de falsa consciência" elas devem se abstrair para que possam se espantar com o mundo. Para isso, precisam questionar o óbvio, desnaturalizar o natural, ter a coragem de propor as questões problematizadoras: O que é isso? Como é isso? Por que é precisamente assim? Por que deve ser assim? Que finalidade tem isso? Por que tem de ser feito assim? Por que não pode ser desse outro modo? (Heller, 1983). Tais questões podem irritar aquele que crê tudo saber, o que o impede de espantar-se com elas, impedindo-o de conhecer o mundo de forma diferente. Nesse sentido, realizar o exercício da investigação de problemas filosóficos com os jovens do ensino médio pode não ser algo tão tranquilo quanto parece.

6.3
Avaliação e atitude filosófica

No cotidiano escolar, podemos nos deparar com resistências fundadas em preconceitos e naturalizações, muitas vezes baseadas em crenças religiosas. É preciso cuidado ao tratar de questões que envolvem valores éticos e políticos, sedimentados na tradição familiar, na classe social, na cultura do jovem etc. Por isso, o professor-filósofo precisa ter claras suas intencionalidades e apresentá-las aos sujeitos do ensino médio por meio do seu plano de trabalho e dos acordos pedagógicos realizados com os estudantes desde o início do trabalho.

Para Heller (1983), a filosofia reconhece o alto valor de seu conhecimento e sabe que é a "rainha das ciências" e não se incomoda que seu saber possa ser apropriado por aquele que se dispuser a realizar o esforço espiritual para aprendê-la. Exatamente por isso, o fato de o pensamento filosófico poder ser "'apropriado por quem quer que seja significa que o pensamento filosófico não exige nenhum saber prévio; precisamente por isso, a filosofia pode ser assimilada pela 'razão incorrompida' da juventude" (Heller, 1983, p. 23). Mas é importante considerar que o ensino de filosofia no ensino médio tem especificidades muito diferentes dos níveis especializados da graduação e da pesquisa *stricto sensu* em filosofia. Isso não significa dizer que os sujeitos do ensino médio não possam realizar plenamente o exercício da investigação conceitual de problemas filosóficos, mas há de se considerar que os resultados de suas investigações demandam análises qualitativas bem diferentes das realizadas em outros níveis.

Embora a Filosofia se reconheça como *rainha da ciência*, no cotidiano escolar do ensino médio ela é uma disciplina ao lado das demais. No cotidiano escolar, outras disciplinas com maior tradição curricular figuram como rainhas da matriz curricular. É possível observar isso apenas comparando a carga horária que algumas disciplinas ocupam no currículo. Por isso, é importante que o professor-filósofo busque realizar parcerias com os professores das demais disciplinas na matriz curricular. É preciso mostrar a importância da filosofia para o desenvolvimento das ciências e da arte. A realização de parcerias, mesmo que pontuais, pode evidenciar a importância da investigação filosófica pelas demais disciplinas.

A filosofia, como filha da ágora e da pólis, é democrática por excelência, mesmo quando o seu conteúdo não o é. Qualquer um que queira pode ser, de fato, filósofo no sentido transparente e dela pode se apropriar. No cotidiano escolar, existem muitas oportunidades para que o professor-filósofo possa demonstrar o caráter democrático por excelência da filosofia e participar ativamente como integrante da comunidade escolar. Primeiramente, na forma como se posiciona diante dos problemas e desafios do cotidiano escolar: a burocracia, as políticas educacionais, os projetos da escola, as exigências legais, as demandas dos estudantes etc.; é preciso colocar a filosofia a serviço da escola e seus desafios, tanto no aspecto da elaboração conceitual quanto da crítica ao que não é construído de forma democrática e participativa. Se a filosofia é uma forma de superação da subjetividade da vida cotidiana e elevação objetiva do ser humano para compreensão da totalidade, certamente que sua contribuição no cotidiano escolar poderá ser bastante produtiva e importante.

A escola – educação – ocupa grande papel na história da filosofia, uma vez que é nela que o filósofo se confirma como mestre. A máxima confirmação do filósofo é ver que o estudante o superou, mesmo no caso de ter se voltado contra o mestre (Heller, 1983). É preciso considerar, porém, que a escola de nível médio no Brasil, na qual a filosofia está inserida, não é o espaço ideal de recepção da filosofia pelos jovens, pois, para que isso fosse possível, a instituição de ensino deveria ser um espaço de emancipação humana em seu sentido pleno. É preciso considerar que nossas escolas de ensino médio apresentam problemas históricos e estruturais, pautados na estrutura de produção e reprodução econômica da sociedade, que determinam as políticas educacionais e de formação dos jovens do ensino médio. A estrutura física dos estabelecimentos, em geral, não oferece condições mínimas adequadas ao processo de aprendizagem de qualidade; os professores, em muitos casos, não apresentam formação inicial na área do conhecimento que ensinam ou sua formação é inadequada para o trabalho no ensino médio. Além disso, a própria sociedade atribui à escola uma responsabilidade muito maior do que seria sua função social.

Mesmo com todos esses limites e contradições, acreditamos na escola e na sua função social de contribuir com a formação das novas gerações. Acreditamos que a filosofia presente no currículo escolar pode ser um convite aos jovens para pensar de forma diferente o verdadeiro, o belo, o bem, o justo. Este é o desafio da disciplina de Filosofia no ensino médio: ser uma forma de vida a ser vivida, experimentada pelos jovens, e não um ensino livresco e burocrático.

Repetimos: não há *filosofia*, mas *filosofias*, e é isso que possibilita a existência da pluralidade filosófica e garante o caráter democrático da disciplina. Esse é um movimento interessante a ser instalado nas escolas de ensino médio e entre seus sujeitos, jovens do ensino médio, num mundo quase sempre pouco democrático.

Ao compreender qualitativamente a recepção dos estudantes e as atitudes filosóficas que desenvolveram, consideramos importante retomar o mal-entendido como interpretação possível do problema filosófico. Pela interpretação, o receptor filosófico busca satisfazer um carecimento, a fim de que essa satisfação o eleve da vida cotidiana. A recepção da filosofia no ensino médio ocorre mediada praxiologicamente pela ação docente, e, como dissemos, ao problematizar situações da vida cotidiana, amparado nos conceitos filosóficos, o jovem desenvolve atitudes filosóficas em resposta às perguntas: Como devo pensar? Como devo agir? Como devo viver? Essa é uma das possibilidades para o ensino e aprendizagem da filosofia no ensino médio.

Síntese

Neste capítulo, você pôde compreender que, embora análoga às demais disciplinas e tendo a mesma responsabilidade no processo de organização do trabalho pedagógico, a avaliação no ensino de filosofia no ensino médio precisa pautar-se por aspectos qualitativos e considerar o jovem um sujeito socialmente localizado, que se orienta pelas lógicas da integração, da estratégia e da subjetivação que regem sua experiência social.

Você também pôde perceber que o jovem é, portanto, um sujeito aberto a inúmeras possibilidades de exercer sua criatividade, mas pode fechar-se e resistir àquilo que não faça sentido e não se apresente como alternativa e finalidade concreta, como a escola e o processo de escolarização e, mais especificamente, a relação com a filosofia em sala de aula. Por isso, temos de entendê-lo como um ser humano dotado de qualidades, de imperfeições e de uma vida social, cultural, econômica etc. Portanto, ao avaliá-lo, é preciso perguntar: Qual o significado da aprendizagem filosófica para o jovem do ensino médio? Vimos que a resposta a essa pergunta está profundamente imbricada com a atitude filosófica do jovem no que se refere à vida cotidiana na qual ele se insere, orientando-se pelas lógicas de ação de sua experiência social.

Vimos ainda que uma possível resposta está em buscar compreender como os estudantes realizam a recepção da filosofia e problematizam o conteúdo filosófico, usando para isso diferentes recursos, como vídeos selecionados criteriosamente para esse fim, e utilizando estratégias específicas para a leitura dos textos clássicos e instigando os estudantes a identificar e analisar conceitos filosófico por meio da linguagem – oral e escrita –, como forma de exercitar a argumentação, a crítica, o debate e a contradição. Além disso, é preciso fazer com que os alunos percebam, por meio da maiêutica socrática, os limites de suas formulações, ideias, juízos etc. É possível, ainda, propor aos estudantes que realizem sua autoavaliação, a fim de que possa analisar qual a compreensão que desenvolveram sobre o problema investigado e aonde conseguiram chegar com a análise desse problema; se foi possível notar alguma forma de apropriação dos conceitos trabalhados; se conseguiram relacionar esses conceitos e produzir alguma análise do problema; e, por fim, se pensaram alguma situação da vida cotidiana articulando os conceitos investigados.

Indicações culturais

Filme

SOCIEDADE dos poetas mortos. Direção: Peter Weir. EUA: Disney; Buena Vista, 1989. 128 min.

Já bem conhecido, esse filme contribui para a reflexão a respeito da avaliação escolar tradicional e da avaliação qualitativa como desenvolvimento da atitude filosófica e de suas consequências para uma vida autônoma.

Livro

MARÇAL, K. I.; TOMAZETI, E. Aula/Ensino de filosofia e avaliação. In: ENCONTRO DE PESQUISA EM EDUCAÇÃO DA REGIÃO SUL – ANPED SUL, 8., 2010, Londrina. **Anais**... Londrina: UEL, 2010. Disponível em: <http://www.portalanpedsul.com.br/admin/uploads/2010/filosofia_e_Educacao/Trabalho/01_19_03_AULA_ENSINO_DE_FILOSOFIA_E_AVALIACAO.PDF>. Acesso em: 25 jan. 2017.

Esse artigo é resultado de uma pesquisa de abordagem qualitativa realizada com professores de Filosofia, a fim de entender as formas de avaliação mais recorrentes na prática pedagógica dos professores dessa disciplina no ensino médio.

Atividades de autoavaliação

1. A legislação educacional estabelece critérios para organizar o trabalho docente no cotidiano escolar. Assinale a alternativa que indica o papel docente na organização do trabalho escolar:
   a) Participar da construção do Projeto Político Pedagógico da escola.
   b) Receber da equipe pedagógica o plano de trabalho docente com os conteúdos que deverão ser trabalhados.
   c) Aplicar as avaliações da aprendizagem elaboradas pela equipe pedagógica.
   d) Trabalhar com o livro didático e os textos escolhidos pela equipe pedagógica.

2. De acordo com a legislação educacional, o processo de avaliação deve:
   a) ser realizado esporadicamente para medir o nível de desempenho dos alunos.
   b) seguir os mesmos parâmetros das avaliações externas de larga escala, como Enem e Saeb.
   c) ser realizado como diagnóstico preliminar e entendido como processo de caráter formativo, permanente e cumulativo.
   d) servir para organizar as turmas de acordo com o desempenho e o mérito dos alunos.

3. De acordo com o que estudamos neste capítulo, para Cerletti (2009), há um espaço em comum entre filósofos – profissionais – e aprendizes. Sobre isso, podemos dizer que esse espaço se caracteriza:
   a) pela certeza de que a filosofia se fundamenta na defesa das próprias opiniões.
   b) pelo estudo dos textos filosóficos clássicos.

c) pela dificuldade em encontrar respostas objetivas e verdadeiras no campo da filosofia.

d) pelo desenvolvimento da atitude filosófica pelo sujeito receptor da filosofia.

4. No cotidiano escolar, podemos nos deparar com resistências fundadas em preconceitos e naturalizações, muitas vezes baseadas em crenças religiosas, políticas etc. Nesse caso, é importante que a mediação docente seja realizada:

   a) com cuidado, sobretudo ao tratar de questões que envolvam valores éticos e políticos, sedimentados na tradição familiar, na classe social, na cultura do jovem etc. Por isso, o professor-filósofo precisa ter claras suas intencionalidades.

   b) com cuidado, sem discutir os valores éticos e morais com os alunos, a fim de evitar polêmicas.

   c) com cuidado, mas sem considerar os valores éticos e morais dos alunos, pois são fonte de alienação.

   d) com cuidado, mas evitando discutir temas polêmicos que possam envolver moral e religião.

5. De acordo com o que estudamos neste capítulo, para que o estudante possa desenvolver a atitude filosófica, é importante que o professor também manifeste sua atitude filosófica no processo de ensino e aprendizagem, a fim de que a filosofia tenha significado no cotidiano dos sujeitos. As mediações praxiológicas contribuem para o modo como ocorre a recepção da filosofia e, consequentemente, para o desenvolvimento de atitudes filosóficas significativas para os sujeitos do ensino médio, especialmente no que se refere

ao processo por meio do qual eles apropriam-se dos ritos do filosofar, possibilitando a investigação e a análise do problema filosófico como condições para desenvolver o pensamento rigoroso, fazendo com que o processo de aprendizagem possa ocorrer de maneira significativa ao educando. Para que isso ocorra, é necessário que:

a) os alunos saibam ler e escrever corretamente, pois sem isso não é possível a aprendizagem filosófica.

b) a aula de filosofia seja um laboratório da investigação conceitual e os problemas e conceitos filosóficos sejam de fato trabalhados como fio condutor do processo de aprendizagem.

c) o nível sociocultural dos alunos seja elevado.

d) os alunos se concentrem na leitura e na análise de textos clássicos da filosofia para que, de fato, a aula seja um laboratório de investigação filosófica.

Atividade de aprendizagem

Atividades para reflexão

1. Com base em seu conhecimento sobre a forma como tradicionalmente são realizadas as avaliações em filosofia no ensino médio, você considera que elas são filosóficas? Explique.

2. Com base na concepção de avaliação do ensino de filosofia no ensino médio proposta neste capítulo, como você considera que deve ser organizada a avaliação de filosofia no ensino médio? Que estratégias podem ser utilizadas?

Atividade aplicada: prática

Faça uma pesquisa em banco de dados disponíveis na internet para identificar diferentes tipos de questões de provas aplicadas no ensino de filosofia, especialmente as utilizadas pelo Exame Nacional do Ensino Médio (Enem) e por concursos de exame vestibular. Analise as questões e faça um relatório ou um quadro que mostre o que cada tipo de questão possibilita avaliar.

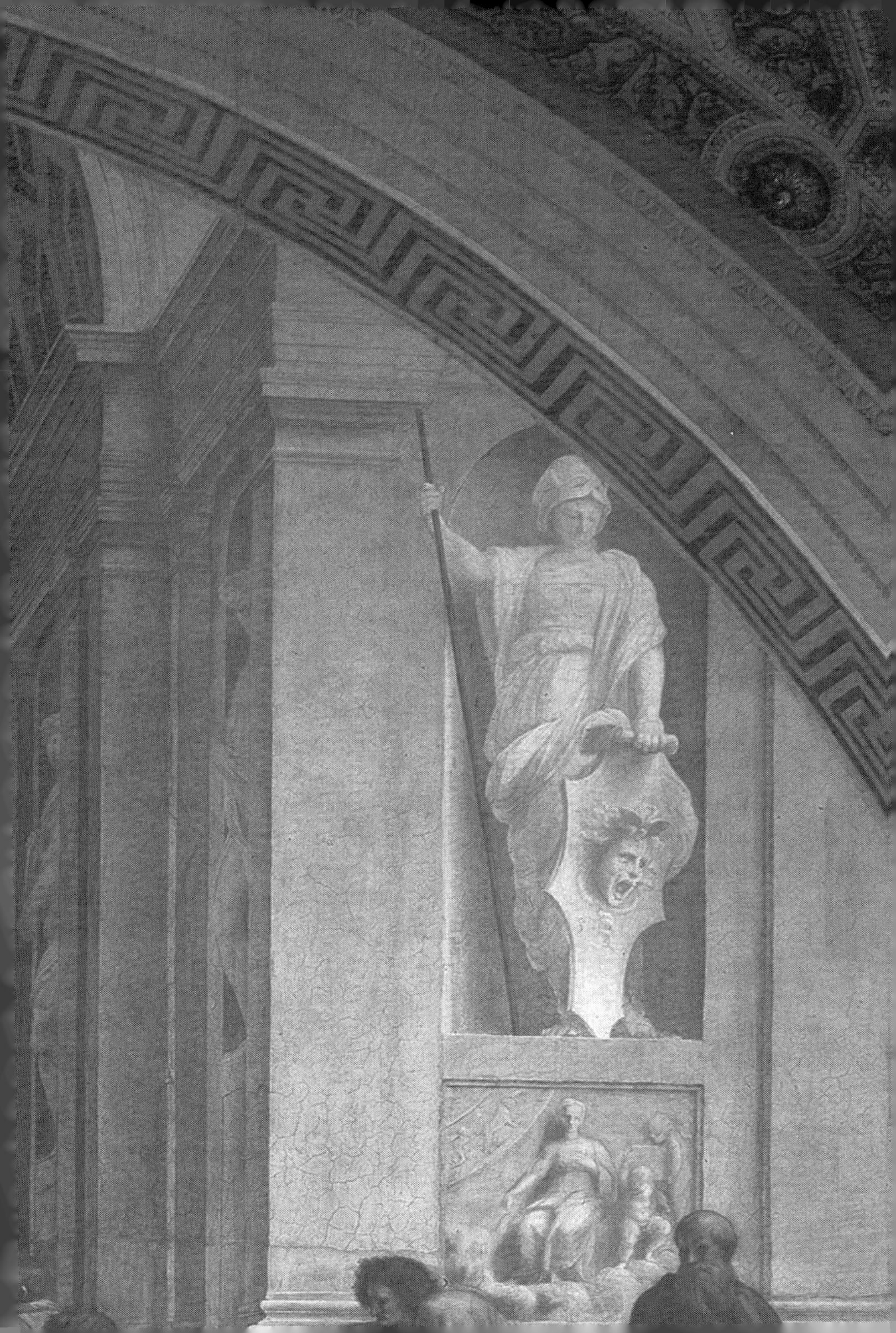

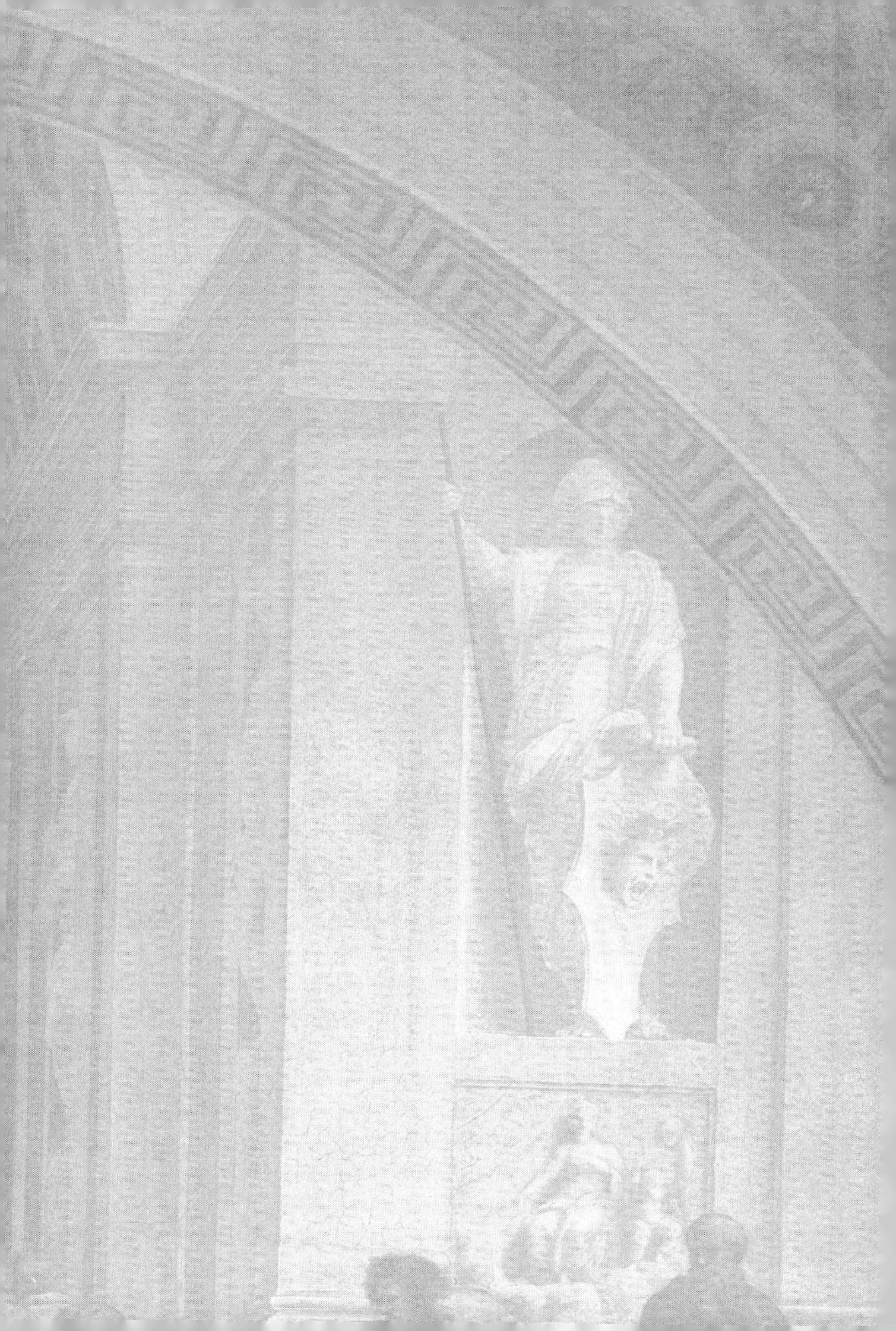

considerações finais

Cerletti (2009) afirma que a didática da filosofia é uma construção que precisa se renovar todos os dias. Concordamos com essa afirmação e, por isso, reiteramos que nossa intenção com esta obra não foi tratar o ensino da filosofia por meio de prescrições didático-pedagógicas, uma vez que entendemos a concepção de ensino de filosofia como uma construção da prática docente. Para que isso seja possível, é importante que aquele que intenta ensinar filosofia no ensino médio defina para si a compreensão da natureza do conhecimento filosófico que será ensinado. Portanto, não é necessário reinventar a roda, uma vez que essa escolha acontece na própria ação docente, por meio do estudo da história da filosofia e de seus autores de tradição filosófica.

Sabendo disso, indicamos, no Capítulo 1, alguns exemplos de filósofos e seus sistemas filosóficos, mas obviamente existem muitos outros que podem ser descobertos e estudados. Entendemos que esse primeiro passo é de fundamental importância a quem deseja não ser apenas um repetidor de conteúdos filosóficos selecionados da história da filosofia.

Definida, ainda que provisoriamente, uma concepção acerca da natureza da filosofia, é preciso considerar que a organização do ensino precisa se dar no âmbito de uma disciplina do currículo do ensino médio e que, de acordo os teóricos do currículo que estudamos no Capítulo 2, toda escolha de conteúdos curriculares é realizada em meio a disputas políticas, ideológicas, socioeconômicas etc., que envolvem muitos interesses. Como evidência disso, basta lembrar a história da presença e da ausência da Filosofia como disciplina no currículo das escolas brasileiras que estudamos anteriormente. É de fundamental importância que qualquer definição da didática e da metodologia do ensino de filosofia no ensino médio e considerar as questões básicas da discussão curricular: O que ensinar? Como ensinar? Para que ensinar? Certamente o resultado das respostas a essas questões interferem sobremaneira na didática e na metodologia de ensino.

Consideradas a concepção da natureza da filosofia e da disciplina curricular denominada *Filosofia*, não é possível ir adiante sem antes admitir que o processo de ensino ocorre com sujeitos concretos. No caso do ensino médio, esses sujeitos apresentam características muito próprias de uma fase de desenvolvimento humano que requer muito cuidado e respeito. Não são sujeitos abstratos, sem desejos e interesses ou que possam ter seus anseios e sua subjetividade desconsiderados. Conforme estudamos no Capítulo 3, os sujeitos estudantes de ensino médio se produzem na experiência social das esferas e lógicas da vida cotidiana, sendo que a escola é uma dessas esferas, mas existem muitas outras por meio das quais eles definem sua lógica de ação social. É importante, então, estar preparado para compreender as esferas de lógicas da experiência social nas quais os sujeitos se constituem.

Se os sujeitos não são abstratos, o lugar do ensino de filosofia também não o é. Ele ocorre em tempo-espaço bem definidos, marcados pela vida cotidiana, tanto dos sujeitos como da instituição escolar. O cotidiano escolar, embora com muitas características comuns, não é o mesmo em todas as escolas. Cada escola é um lugar próprio, com suas especificidades produzidas pela vida cotidiana que, conforme estudamos, são movidas por dinâmicas internas e externas. Portanto, o ensino de filosofia ocorre em lugar indeterminado, e considerar seus determinantes torna-se fundamental para aqueles que pretendem desenvolver uma didática e uma metodologia do ensino de filosofia.

Se a didática preocupa-se com o processo de ensino, não podemos esquecer que não há ensino se não houver aprendizagem. No caso do ensino de filosofia, propomos, no Capítulo 5, a atitude filosófica como evidência observável da aprendizagem filosófica. Para isso, amparamo-nos em Heller (1983), em seu conceito de *recepção filosófica* e seus diferentes tipos como possibilidades-chave de compreensão das diferentes atitudes dos sujeitos do ensino médio diante da filosofia, sejam elas de adesão, sejam de indiferença ou de resistência.

A avaliação é o sexto elemento de constituição de uma didática que se concretiza em uma metodologia do ensino de filosofia. A avaliação do processo de ensino e aprendizagem, além de ser determinada pela legislação educacional, é um importante recurso para diagnosticar o processo pedagógico instalado em sala de aula. Ocorre que as estratégias utilizadas para avaliar a aprendizagem dos alunos, na maioria das vezes, mostram-se antifilosóficas, pela forma como são utilizados os instrumentos de avaliação na tentativa de medir a retenção dos conteúdos assimilados. Uma didática filosófica para o ensino de filosofia não pode abrir mão de utilizar também instrumentos e estratégias filosóficas para avaliar a aprendizagem. Nesse caso, é importante optar por instrumentos e estratégias que possibilitem a análise qualitativa dos resultados alcançados pelos alunos; ou seja, não é possível medir a atitude filosófica de uma pessoa, mas sim mensurar qualitativamente o processo por meio do qual há o desenvolvimento da atitude filosófica, nunca finalizada ou acabada, mas sempre em processo de construção problematizadora.

referências

ABRAMO, H. W.; BRANCO, P. P. M. (Org.). **Retratos da juventude brasileira**: análises de uma pesquisa nacional. São Paulo: Fundação Perseu Abramo; Instituto Cidadania, 2005.

AIRES, M. G. **O ensino de filosofia no ensino médio mediado pela literatura sartriana**. 259 f. Tese (Doutorado em Educação) – Universidade Federal do Rio Grande do Norte, Natal, 2010. Disponível em: <http://repositorio.ufrn.br:8080/jspui/bitstream/123456789/14308/1/MaurilioGA_TESE.pdf>. Acesso em: 20 abr. 2017.

ALVES, D. J. **A filosofia no ensino médio**: ambiguidades e contradições na LDB. Campinas: Autores Associados, 2002.

ALVES, G. **Dimensões da reestruturação produtiva**: ensaios de Sociologia do trabalho. Marília: Práxis, 2007.

APPLE, M. **Educação e poder.** Tradução de Maria Cristina Monteiro. Porto Alegre: Artes Médicas, 1989.

ARANHA, M. L. A.; MARTINS, M. H. P. **Filosofando**: introdução à filosofia. 3. ed. São Paulo: Moderna, 1994.

ARAÚJO, S. M. S. Cultura e educação: uma reflexão com base em Raymond Williams. In: REUNIÃO ANUAL DA ANPED, 27., 2004, Caxambu. **Anais**... Caxambu: Anped, 2004. Disponível em: <http://www.anped.org.br/sites/default/files/t0315.pdf>. Acesso em: 6 fev. 2017.

ARISTÓTELES. **Ética a Nicômaco**: poética. Seleção de textos de José Américo Motta Pessanha. 4. ed. São Paulo: Nova Cultural, 1991. v. 2. (Coleção Os Pensadores).

_____. **Metafísica**. Tradução de Edson Bini. 2. ed. São Paulo: Edipro, 2012.

_____. **Órganon**: categorias, da interpretação, analíticos anteriores, analíticos posteriores. Tradução de Edson Bini. São Paulo: Edipro, 2001.

ASPIS, R. O professor de filosofia: o ensino da filosofia no ensino médio como experiência filosófica. **Cadernos Cedes**, Campinas, v. 24, n. 64, p. 305-320, set./dez. 2004. Disponível em: <http://www.scielo.br/scielo.php?script=sci_arttext&pid=S0101-32622004000300004&lng=en&nrm=iso&tlng=pt>. Acesso em: 20 abr. 2017.

AZANHA, J. M. P. **Uma ideia de pesquisa educacional**. São Paulo: Edusp, 1992.

BENETTI, C. C. **Filosofia e ensino**: singularidade e diferença – entre Lacan e Deleuze. Ijuí: Ed. da Unijuí, 2006.

BIRKLEN, S. K.; BOGDAN, R. C. **Investigação qualitativa em educação**: uma introdução à teoria e aos métodos. Tradução de Maria João Alvarez, Sara Bahia dos Santos e Telma Mourinho Baptista. Porto: Porto, 1994.

BOURDIEU, P. Os três estados do capital cultural. 1979. In: CATANI, A.; NOGUEIRA, M. A. (Org.). **Escritos de educação**. Tradução de Magali de Castro e Maria Alice Nogueira. Petrópolis: Vozes, 1998. p. 73-79.

_____. **Razões práticas**: sobre a teoria da ação. Tradução de Mariza Corrêa. 9. ed. Campinas: Papirus, 1996.

BOURDIEU, P.; PASSERON, J.-C. **A reprodução**: elementos para uma teoria do sistema de ensino. Tradução de Reynaldo Bairão. Rio de Janeiro: Livraria Francisco Alves, 1982.

BRASIL. Lei n. 5.692, de 11 de agosto de 1971. **Diário Oficial da União**, Poder Legislativo, Brasília, DF, 12 ago. 1971. Disponível em: <https://www.planalto.gov.br/ccivil_03/leis/L5692.htm>. Acesso em: 6 dez. 2016.

_____. Lei n. 7.044, de 18 de outubro de 1982. **Diário Oficial da União**, Brasília, DF, 19 out. 1982. Disponível em: <http://www.planalto.gov.br/ccivil_03/leis/L7044.htm>. Acesso em: 3 abr. 2017.

_____. Lei n. 9.394, de 20 de dezembro de 1996. **Diário Oficial da União**, Poder Legislativo, Brasília, DF, 23 dez. 1996. Disponível em: <https://www.planalto.gov.br/ccivil_03/Leis/L9394.htm>. Acesso em: 6 dez. 2016.

BRASIL. Lei n. 11.684, de 2 de junho de 2008. **Diário Oficial da União**, Poder Legislativo, Brasília, DF, 3 jun. 2008. Disponível em: <http://legislacao.planalto.gov.br/legisla/legislacao.nsf/Viw_Identificacao/lei%2011.684-2008?OpenDocument>. Acesso em: 6 dez. 2016.

BRASIL. Ministério da Educação e do Desporto. Conselho Nacional de Educação. Parecer CNE/CEB n. 15, de 1º de junho de 1998. **Diário Oficial da União**, Brasília, DF, 26 jun. 1998a. Disponível em: <http://portal.mec.gov.br/index.php?option=com_docman&view=download&alias=853-parecer-ceb-15-98-pdf&category_slug=documentos-pdf&Itemid=30192>. Acesso em: 6 dez. 2016.

_____. Resolução CNE/CEB n. 3, de 26 de junho de 1998. **Diário Oficial da União**, Brasília, DF, 5 ago. 1998b. Disponível em: <http://portal.mec.gov.br/dmdocuments/resolucao_ceb_0398.pdf>. Acesso em: 6 dez. 2016.

BRASIL. Ministério da Educação. Conselho Nacional de Educação. Câmara de Educação Básica. Resolução CNE n. 1, de 15 de maio de 2009. **Diário Oficial da União**, Brasília, DF, 18 maio 2009. Disponível em: <http://portal.mec.gov.br/dmdocuments/resolucao_cne_ceb001_2009.pdf>. Acesso em: 6 dez. 2016.

BRASIL. Ministério da Educação. Conselho Nacional de Educação. Câmara de Educação Superior. Resolução n. 12, de 13 de março de 2006. **Diário Oficial da União**, Brasília, DF, 3 fev. 2006a. Disponível em: <http://portal.mec.gov.br/cne/arquivos/pdf/CES122002.pdf>. Acesso em: 6 fev. 2017.

_____. Resolução CNE/CEB n. 2, de 30 de janeiro de 2012. **Diário Oficial da União**, Brasília, DF, 31 jan. 2012. Disponível em: <http://portal.mec.gov.br/index.php?option=com_docman&view=download&alias=9864-rceb002-12&Itemid=30192>. Acesso em: 6 dez. 2012.

BRASIL. Resolução CNE/CEB n. 4, de 13 de julho de 2010. **Diário Oficial da União**, Brasília, DF, 14 jul. 2010. Disponível em: <http://portal.mec.gov.br/dmdocuments/rceb004_10.pdf>. Acesso em: 6 dez. 2016.

BRASIL. Ministério da Educação. Conselho Nacional de Educação. Parecer n. 15, de 1 junho de 1998. **Diário Oficial da União**, Brasília, DF, 26 jun. 1998c. Disponível em: <http://portal.mec.gov.br/cne/arquivos/pdf/1998/pceb015_98.pdf>. Acesso em: 6 dez. 2012.

BRASIL. Ministério da Educação. Secretaria de Educação Básica. Departamento de Políticas de Ensino Médio. **Orientações Curriculares do Ensino Médio**. Brasília, 2004. Disponível em: <http://portal.mec.gov.br/seb/arquivos/pdf/01Apresentacao.pdf>. Acesso em: 6 dez. 2016.

BRASIL. Ministério da Educação. Secretaria de Educação Básica. **Orientações Curriculares para o Ensino Médio**: Ciências Humanas e suas Tecnologias. Brasília: MEC, 2006b. v. 3. Disponível em: <http://portal.mec.gov.br/seb/arquivos/pdf/book_volume_03_internet.pdf>. Acesso em: 6 dez. 2016.

_____. Parecer CNE/CEB n. 38, de 7 de julho de 2006b. **Diário Oficial da União**, Brasília, DF, 14 ago. 2006c. Disponível em: <http://portal.mec.gov.br/cne/arquivos/pdf/pceb038_06.pdf>. Acesso em: 6 dez. 2016.

BRASIL. Ministério da Educação. Secretaria de Educação Média e Tecnológica. **Parâmetros Curriculares Nacionais**: Ensino Médio. Brasília, 2000. Disponível em: <http://portal.mec.gov.br/seb/arquivos/pdf/blegais.pdf>. Acesso em: 6 dez. 2016.

_____. **PCN + Ensino Médio**: orientações educacionais complementares aos Parâmetros Curriculares Nacionais – Ciências

Humanas e suas Tecnologias. Brasília, 2002. Disponível em: <http://portal.mec.gov.br/seb/arquivos/pdf/CienciasHumanas.pdf>. Acesso em: 6 dez. 2016.

BRASIL. Ministério da Educação. Secretaria de Educação Média e Tecnológica. Portaria Inep n. 171, de 24 de agosto de 2005. **Diário Oficial da União**, Brasília, DF, 26 ago. 2005. Disponível em: <http://download.inep.gov.br/download/enade/PORTARIAS_ENADE_2005/Filosofia.pdf>. Acesso em: 6 dez. 2016.

CARLOS, A. F. A. **O lugar no/do mundo**. São Paulo: Hucitec, 1996.

CARRILHO, M. M. **Razão e transmissão da filosofia**. Lisboa: Imprensa Nacional Casa da Moeda, 1987.

CARTOLANO, M. T. P. **Filosofia no ensino de 2º grau**. São Paulo: Cortez; Autores Associados, 1985.

CATANI, A.; NOGUEIRA, M. A. (Org.) **Pierre Bourdieu**: escritos de educação. Tradução de Magali de Castro e Maria Alice Nogueira. Petrópolis: Vozes, 1998.

CAVALCANTI, L. S. **Geografia, escola e construção de conhecimentos**. Campinas: Papirus, 1998.

CERLETTI, A. **O ensino de filosofia como problema filosófico**. Tradução de Ingrid Müller Xavier. Belo Horizonte: Autêntica, 2009.

CERLETTI, A.; KOHAN. W. O. **A filosofia no ensino médio**: caminhos para pensar seu sentido. Tradução de Norma Guimarães Azevedo. Brasília: Ed. UnB, 1999.

CHARLOT, B. **Da relação com o saber**: elementos para uma teoria. Porto Alegre: Artmed, 2000.

CHAUI, M. DE S. **Convite à filosofia**. 13. ed. São Paulo: Ática, 2003.

CORBISIER, R. **Introdução à filosofia**. 2. ed. Rio de Janeiro: Civilização Brasileira,1986. v. I.

CORRÊA, V. As relações sociais e a produção da existência do professor. In: FRIGOTTO, G.; CIAVATA, M.; RAMOS, M. (Org.). **Ensino médio integrado**: concepções e contradições. São Paulo: Cortez, 2005.

COURI, C. Nível socioeconômico e cor/raça em pesquisas sobre efeito-escola. **Estudos em Avaliação Educacional**, São Paulo, v. 21, n. 47, p. 449-472, set. /dez. 2010. Disponível em: <http://www.fcc.org.br/pesquisa/publicacoes/eae/arquivos/1603/1603.pdf>. Acesso em: 20 abr. 2017.

DELEUZE, G.; GUATTARI, F. **O que é a filosofia?** Tradução de Bento Prado Jr. e Alberto Alonso Muñoz. Rio de Janeiro: Ed. 34, 1992. (Coleção Trans).

DESCARTES, R. **Meditações**. São Paulo: Abril Cultural, 1983. (Coleção Os Pensadores).

DUARTE, N. Concepções afirmativas e negativas sobre o ato de ensinar. **Cadernos Cedes**, Campinas, v. 19, n. 44, p. 85-106, abr. 1998. Disponível em: <http://www.scielo.br/scielo.php?script=sci_art text&pid=S0101-32621998000100008>. Acesso em: 20 abr. 2017.

DUBET, F. Quando o sociólogo quer saber o que é ser professor. Entrevista concedida à Angelina Teixeira Peralva e Marilia Pontes Sposito. Tradução de Inês Rosa Bueno. **Revista Brasileira de Educação**, n. 5, p. 22-231, maio/jun./jul./ago. 1997. Disponível em: <http://www.maiza.com.br/adm/docencia/108.pdf>. Acesso em: 20 abr. 2017.

_____. **Sociologia da experiência**. Tradução de Fernando Tomaz. Lisboa: Instituto Piaget, 1994.

ENGLER, M. R. **Tò Thaumázein**: a experiência de maravilhamento e o princípio da filosofia de Platão. 250 f. Dissertação (Mestrado em Filosofia) – Universidade Federal de Santa Catarina,

Florianópolis, 2011. Disponível em: <https://repositorio.ufsc.br/bitstream/handle/123456789/95176/292163.pdf?sequence=1&isAllowed=y>. Acesso em: 20 abr. 2017.

ESPÍNDOLA, V. L. T. **Ensino de filosofia**: problematizando práticas no ensino médio. 96 f. Dissertação (Mestrado em Educação) – Universidade Federal de Santa Maria, Santa Maria, 2010. Disponível em: <http://cascavel.ufsm.br/tede//tde_arquivos/18/TDE-2010-12-13T152012Z-2968/Publico/ESPINDOLA,%20VERA%20LUCIA%20TUNES.pdf>. Acesso em: 20 abr. 2017.

FAVARETTO, C. F. Notas sobre o ensino de filosofia. In: MUCHAIL, S. T. **Filosofia e seu ensino**. São Paulo: Educ, 1995. p. 77-85.

FÁVERO, A. A. ET AL. O ensino da filosofia no Brasil: um mapa das condições atuais. **Cadernos Cedes**, Campinas, v. 24, n. 64, p. 257-284, set./dez. 2004. Disponível em: <http://www.scielo.br/pdf/ccedes/v24n64/22830.pdf>. Acesso em: 20 abr. 2017.

FINELLI, R. O "pós-moderno": verdade do "moderno". In: COUTINHO, C. N.; TEIXEIRA, A. de P. (Org.). **Ler Gramsci, entender a realidade**. Rio de Janeiro: Civilização Brasileira, 2003. p. 99-112.

FIORI, J. L. **O nome aos bois**: instituto da cidadania. São Paulo: Fundação Perseu Abramo, 2002.

FORQUIN, J.-C. **Escola e cultura**: as bases sociais e epistemológicas do conhecimento escolar. Tradução de Guacira Lopes Louro. Porto Alegre: Artes Médicas, 1993.

FREITAG, B. **Escola, estado e sociedade**. 5. ed. São Paulo: Moraes, 1984.

FRIGOTTO, G. A relação da educação profissional e tecnológica com a universalização da educação básica. **Educação e Sociedade**, Campinas, v. 28, n. 100, p. 1129-1152, out. 2007.

FRIGOTTO, G.; CIAVATTA, M. (Org.). **Ensino médio**: ciência, cultura e trabalho. Brasília: MEC; Semtec, 2004.

GALLINA, S. O ensino de filosofia e a criação de conceitos. **Cadernos Cedes**, Campinas, v. 24, n. 64, p. 359-371, set./dez. 2004. Disponível em: <http://www.scielo.br/pdf/ccedes/v24n64/22836.pdf>. Acesso em: 20 abr. 2017.

GALLO, S. **Filosofia no ensino médio**: elementos didáticos para a experiência filosófica. São Paulo: Paulus, 2007. v. 2. DVD.

_____. O que é filosofia da educação? Anotações a partir de Deleuze e Guattari. In: REUNIÃO ANUAL DA ANPED, 22., 1999, Caxambu. **Anais**... Caxambu: GT Filosofia da Educação, 1999.

GALLO, S. D.; KOHAN, W. O. (Org.). **Filosofia no ensino médio**. Petrópolis: Vozes, 2000.

GAMBOA, S. S. Quantidade-qualidade: para além de um dualismo técnico e de uma dicotomia epistemológica. In: SANTOS FILHO, J. C.; GAMBOA, S. S. (Org.). **Pesquisa educacional**: quantidade-qualidade – questões da nossa época. 3. ed. São Paulo: Cortez, 2000. p. 84-110.

GARCIA, B. Z. A filosofia no ensino médio e as políticas educacionais do Estado do Paraná nos anos 90: memórias e perspectivas. In: ROLLA, A. B. M.; SANTOS NETO, A. dos.; QUEIROZ, I. P. de. (Org.). **Filosofia e ensino**: possibilidades e desafios. Ijuí: Ed. da Unijuí, 2003. p. 61-74.

GERMANO, J. W. **Estado militar e educação no Brasil** (1964-1985). 2. ed. São Paulo: Cortez, 1994.

GIOTTO, J. M. M. **O ensino da filosofia nas escolas públicas de ensino médio do Paraná**: uma análise contextual. 120 f. Dissertação (Mestrado em Educação) – Centro Pastoral Educacional e Assistência Dom Carlos, 2000.

GIROUX, H. A.; SIMON, R. Cultura popular e pedagogia crítica: a vida cotidiana como base para o conhecimento curricular. In: MOREIRA, A. F.; SILVA, T. T. (Org.). **Currículo, cultura e sociedade**. 6. ed. São Paulo: Cortez, 2002. p. 93-124.

GOMES, R. **Crítica da razão tupiniquim**. 10. ed. São Paulo: FTD, 1990.

GOODSON, I. **Currículo teoria e prática**. Petrópolis: Vozes, 2001.

GRENDEL, M. T. **Recrutamento e seleção de professores de filosofia para o ensino médio**: a prova de conhecimentos específicos do concurso público de provas e títulos realizado no Estado do Paraná, em 1991. 90 f. Dissertação (Mestrado em Educação na área de Filosofia da Educação) – Pontifícia Universidade Católica de São Paulo, São Paulo, 2000.

GUIMARÃES, G. G.; MACEDO, J. G. DE. Culturas juvenis: uma ressignificação contemporânea. **Revista Travessias**, v. 3, n. 2, 2009. Disponível em: <http://e-revista.unioeste.br/index.php/travessias/article/view/3359>. Acesso em: 6 dez. 2016.

HEGEL, G. W. F. **Discursos sobre a educação**. Tradução de Ermelinda Fernandes. Lisboa: Colibri, 1994.

HELLER, A. **A filosofia radical**. Tradução de Carlos Nelson Coutinho. São Paulo: Brasiliense, 1983.

_____. **O cotidiano e a história**. Tradução de Carlos Nelson Coutinho e Leandro Konder. 7. ed. São Paulo: Paz e Terra, 2004.

_____. **Sociología de la vida cotidiana**. Barcelona: Ediciones Península, 2002.

HORN, G. B. Do ensino da filosofia à filosofia do ensino: contraposições entre Kant e Hegel. In: REUNIÃO ANUAL DA ANPED, 26., 2003, Poços de Caldas. **Anais**... Poços de Caldas: Anped, 2003. Disponível em: <http://26reuniao.anped.org.br/>. Acesso em: 15 mar. 2017.

HORN, G. B. **Ensinar filosofia**: pressupostos teóricos e metodológicos. Ijuí: Ed. da Unijuí, 2009.

____. Filosofia. In: KUENZER, A. Z. (Org.). **Ensino médio**: construindo uma proposta para os que vivem do trabalho. São Paulo: Cortez, 2002a. p. 193-202.

____. **Por uma mediação praxiológica do saber filosófico no ensino médio**: análise e proposição a partir da experiência paranaense. 275 f. Tese (Doutorado em Educação) – Faculdade de Educação da Universidade de São Paulo, São Paulo, 2002b.

JAEGER, W. **Paideia**: A formação do homem grego. 6. ed. São Paulo: Martins Fontes, 2013.

KANT, I. **Sobre a pedagogia**. Tradução de Francisco Cock Fontanella. Piracicaba: Unimep, 1996.

____. **Textos seletos**. Tradução de Raimundo Vier. Petrópolis: Vozes, 1974.

KESTRING, B. **A educação política do professor e a formação para a cidadania**. 128 f. Dissertação (Mestrado em Educação) – Pontifícia Universidade Católica do Paraná, Curitiba, 2003. Disponível em: <http://www.biblioteca.pucpr.br/tede/tde_busca/arquivo.php?codArquivo=58>. Acesso em: 20 abr. 2017.

KOHAN, W. O.; WAKSMAN, V. Perspectivas atuais do ensino de filosofia no Brasil. In: FÁVERO, A.; KOHAN, W. O.; RAUBER, J. J. (Org.). **Um olhar sobre o ensino de filosofia**. Ijuí: Ed. da Unijuí, 2002.

KOSIK, K. **Dialética do concreto**. 9. ed. Rio de Janeiro: Paz e Terra, 2011.

KUENZER, A. Z. (Org.). **Ensino de 2º grau**: o trabalho como princípio educativo. 2. ed. São Paulo: Cortez, 1992.

____. **Ensino médio**: construindo uma proposta para os que vivem do trabalho. 3. ed. São Paulo: Cortez, 2002.

LANGON, M. Filosofia do ensino de filosofia. In: GALLO, S.; CORNELLI, G.; DANELON, M. (Org.). **Filosofia do ensino de filosofia**. Petrópolis: Vozes, 2003. p. 90-105.

LESSARD-HÉRBERT, M.; GOYETTE, G.; BOUTIN, G. **Investigação qualitativa**: fundamentos e práticas. Tradução de Maria João Reis. 2. ed. Lisboa: Éditions Agence d'inc., 1990.

LÉVY, P. **Cibercultura**. Tradução de Carlos Irineu da Costa. São Paulo: Ed. 34, 2008.

LIMA, M. A. C. **A prática de ensino de filosofia num contexto de reestruturação capitalista**: construção de uma experiência problematizadora com o ensino. 240 f. Tese (Doutorado em Educação) – Universidade Federal de Minas Gerais, Belo Horizonte, 2005.

LIMA, N. T. Juventude e ensino médio: de costas para o futuro? In: FRIGOTTO, G.; CIAVATTA, M. (Org.). **Ensino médio**: ciência, cultura e trabalho. Brasília: MEC; Semtec, 2004.

LODI, L. H. Subsídios para uma reflexão sobre o ensino médio. In: BRASIL. Ministério da Educação. Secretaria de Educação Básica. Departamento de Políticas de Ensino Médio. **Orientações Curriculares do Ensino Médio**. Brasília, 2004. p. 7-13. Disponível em: <http://portal.mec.gov.br/seb/arquivos/pdf/01Apresentacao.pdf>. Acesso em: 6 dez. 2016.

LOPES, A. C. Competências na organização curricular da reforma do ensino médio. **Boletim Técnico do Senac**, Rio de Janeiro, v. 27, n. 3, p. 3-11, 2001.

MAQUIAVEL, N. **O Príncipe**. São Paulo: Nova Cultural, 1996. v. 6. (Coleção Os Pensadores).

MARTINS, C. B. Notas sobre a noção da prática em Pierre Bourdieu. **Novos Estudos Cebrap**, n. 62, p. 163-181, mar. 2002.

Disponível em: <http://novosestudos.org.br/v1/files/uploads/contents/96/20080627_sobre_a_nocao_da_pratica.pdf>. Acesso em: 6 dez. 2012.

MARTINS, P. L. O. **A didática e as contradições da prática**. Campinas: Papirus, 1998.

MARX, K. **O Dezoito Brumário de Louis Bonaparte**. São Paulo: Centauro, 2006.

_____. **Para a crítica da economia política**. Tradução de Edgard Malagodi e José Arthur Giannotti. São Paulo: Nova Cultural, 1999.

_____. **Teses sobre Feuerbach**. Disponível em: <http://www.ebooksbrasil.org/eLibris/feuerbach.html>. Acesso em: 6 dez. 2016.

MEIRIEU, P. **Aprender... sim, mas como?** Tradução de Vanise Pereira Dresch. 7. ed. Porto Alegre: Artmed, 1998.

MENDES, A. A. P. **A construção do lugar da filosofia no currículo do ensino médio**: análise a partir da compreensão dos professores de filosofia da escola pública paranaense. 163 f. Dissertação (Mestrado em Educação) – Universidade Federal do Paraná, Curitiba, 2008. Disponível em: <http://www.dominiopublico.gov.br/pesquisa/DetalheObraForm.do?select_action=&co_obra=104529>. Acesso em: 20 abr. 2017.

_____. **Atitude filosófica do jovem no cotidiano escolar do ensino médio**: um estudo sobre as possibilidades da recepção do conteúdo de filosofia política. 187 f. Tese (Doutorado em Educação) – Universidade Federal do Paraná, Curitiba, 2014. Disponível em: <http://acervodigital.ufpr.br/bitstream/handle/1884/35936/R%20-%20T%20-%20ADEMIR%20APARECIDO%20PINHELLI%20MENDES.pdf?sequence=1&isAllowed=y>. Acesso em: 20 abr. 2017.

MENDES, A. A. P. ET AL. **Filosofia**: ensino médio. 2. ed. Curitiba: SEED-PR, 2006.

MENDES, A. A. P.; HORN, G. B. Filosofia, ensino e resistência: construindo um espaço para filosofia no currículo do ensino médio da escola pública paranaense. In: SIMPÓSIO SUL-BRASILEIRO SOBRE O ENSINO DE FILOSOFIA: FILOSOFIA E SOCIEDADE, 7., 2007, Porto Alegre. **Anais**... Porto Alegre: PUCRS, 2007.

MOREIRA, M. A. **Mapas conceituais e aprendizagem significativa**. São Paulo: Centauro, 2010.

OLIVEIRA, A. M. **Entre consumidores e internautas**: a outra face da crise do ensino médio no Brasil. 277 f. Tese (Doutorado em Educação) – Universidade Federal de Santa Maria, Santa Maria, 2012. Disponível em: <http://cascavel.ufsm.br/tede/tde_arquivos/18/TDE-2013-05-07T141919Z-4225/Publico/OLIVEIRA,%20ADRIANO%20MACHADO.pdf>. Acesso em: 4 mar. 2017.

OLIVEIRA, A. M. **Jovens e adolescentes no ensino médio**: sintomas de uma sistemática desvalorização das culturas juvenis. 198 f. Dissertação (Mestrado em Educação) – Universidade Federal de Santa Maria, Santa Maria, 2008. Disponível em: <http://cascavel.cpd.ufsm.br/tede/tde_busca/arquivo.php?codArquivo=2000>. Acesso em: 4 mar. 2017.

PALÁCIOS, G. A. Filosofar e ensinar a filosofar. In: SOUZA, D. G. DE; SARDI, S. A.; CARBONARA, V. (Org.). **Filosofia e sociedade**: perspectivas para o ensino de filosofia. Ijuí: Ed. da Unijuí, 2007.

PARANÁ. Lei Estadual n. 15.228, de 25 de julho de 2006. **Diário Oficial**, Curitiba, PR, 26 jul. 2006. Disponível em: <http://app41.hospedagemdesites.ws/wp-content/uploads/2015/08/271.pdf>. Acesso em: 6 dez. 2016.

PARANÁ. Secretaria de Estado da Educação. Departamento de Educação Básica. **Diretrizes Curriculares de Filosofia da Educação Básica**: Filosofia. Curitiba, 2008. Disponível em: <http://www.educadores.diaadia.pr.gov.br/arquivos/File/diretrizes/dce_filo.pdf>. Acesso em: 6 fev. 2017.

PARANÁ. Secretaria de Estado da Educação. Departamento de Ensino de Segundo Grau. **Subsídios para elaboração de uma Política de Ensino de 2º Grau Noturno**. 2. ed. SEED/PR, 1993. v. 1.

PARANÁ. Secretaria de Estado da Educação. Departamento de Infra-Estrutura. Instrução Normativa n. 4, de 28 de outubro de 2005. Coletânea de Legislação Educacional, v. XIII, Curitiba, PR, 2005. Disponível em: <http://www.educacao.pr.gov.br/arquivos/File/instrucoes/instrucao_normativa042005.pdf>. Acesso em: 6 dez. 2016.

PARANÁ. Secretaria de Estado da Educação. Superintendência de Educação. **Instrução Normativa n. 11**. Curitiba: Sued/Seed/Ceditec-Seed-PR, 2003.

PARANÁ. Secretaria de Estado da Educação. Superintendência de Educação. Instrução Normativa n. 15, de 28 de novembro de 2006. Disponível em: <http://www.educacao.pr.gov.br/arquivos/File/instrucoes/instrucao152006.pdf>. Acesso em: 6 dez. 2016.

PARANÁ. Secretaria de Estado da Educação. Superintendência de Educação. **Proposta Curricular para o Ensino de Filosofia no 2º Grau**. Curitiba: Sued/Seed/Ceditec-Seed-PR, 1994.

PARANÁ. Secretaria de Estado da Educação. Superintendência de Educação. **Relatório de Gestão 2003-2006**. Curitiba: Sued/Seed/Ceditec-Seed-PR, 2006.

PLATÃO. **A república**. Tradução de Ciro Mioranza. 2. ed. São Paulo: Escala, 2007.

PLATÃO. **Górgias**. Tradução de Manoel de Oliveira Pulquério. Lisboa: Edições 70, 2010.

RAMOS, M. N. O projeto unitário de ensino médio sob os princípios do trabalho, da ciência e da cultura. In: FRIGOTTO, G.; CIAVATTA, M. (Org.). **Ensino médio**: ciência, cultura e trabalho. Brasília: MEC; Semtec, 2004. p. 37-52.

REALE, G.; ANTISERI, D. **História da filosofia**: Antiguidade e Idade Média. 9. ed. São Paulo: Paulus, 2005. v. 1.

RIBEIRO, M. L. S. **Introdução à história da educação brasileira**. São Paulo: Cortez & Moraes, 1978.

ROCKWELL, E. DE huellas bardas y veredas: una historia cotidiana en la escuela. In: ROCKWELL, E. (Coord.). **La escuela cotidiana**. Cidade do México: Fondo de Cultura Económica, 1997. p. 13-57.

ROCKWELL E.; EZPELETA, J. A escola: relato de um processo inacabado de construção. In: EZPELETA, J.; ROCKWELL, E. **Pesquisa participante**. 2. ed. Tradução de Francisco Salatiel de Alencar Barbosa. São Paulo: Cortez; Autores Associados, 1989. p. 9-30.

ROMANELLI, O. de O. **História da educação no Brasil** (1930-1973). 20. ed. Petrópolis: Vozes, 1998.

SACRISTÁN, J. G. **O currículo**: uma reflexão sobre a prática. Tradução de Ernani F. da F. Rosa. 3. ed. Porto Alegre: Artmed, 2000.

SANTOS, M. **A natureza do espaço**: técnica e tempo, razão e emoção. 3. ed. São Paulo: Hucitec, 1999.

SAVIANI, D. **A nova lei da educação**: trajetória, limites e perspectivas. 2. ed. Campinas: Autores Associados, 1997.

_____. **Educação**: do senso comum à consciência filosófica. 4. ed. São Paulo: Cortez; Autores Associados, 1984.

_____. **Escola e democracia**: teorias da educação, curvatura da vara e onze teses sobre educação e política. São Paulo: Cortez; Autores Associados, 1983.

SCHLESENER, A. H. Ensinar filosofia ou instigar a pensar? O desafio kantiano na realidade do ensino médio. **Revista do NESEF Filosofia e Ensino**, Curitiba, v. 3, n. 3, p. 6-16, jun./jul./ago./set. 2013. Disponível em: <https://www.google.com.br/url?sa=t&rc t=j&q=&esrc=s&source=web&cd=4&cad=rja&uact=8&ved=0a hUKEwivxv68g7vTAhUITJAKHeBTBOAQFggxMAM&url=ht tp%3A%2F%2Fwww.nesef.com.br%2Frevista%2Fbaixar-artigo. php%3Fartigo%3Dv3_ensinar_filosofia_ou_instigar_a_ pensar_o_desafio_kantiano_na_realidade_do_ensino_medio. pdf&usg=AFQjCNHo8IXIPFB-sJdO8yQZ9Sy2Onm-Rw>. Acesso em: 20 abr. 2017.

SETTON, M. da G. J. A teoria do habitus em Pierre Bourdieu: uma leitura contemporânea. **Revista Brasileira de Educação**, Rio de Janeiro, n. 20, p. 60-70, jul./ago. 2002. Disponível em: <http://www.scielo.br/pdf/rbedu/n20/n20a05>. Acesso em: 20 abr. 2017.

SEVERINO, A. J. O ensino da filosofia: entre a estrutura e o evento. In: GALLO, S.; DANELON, M.; CORNELLI, G. (Org.). **Ensino de filosofia**: teoria e prática. Ijuí: Ed. da Unijuí, 2004.

SILVA, F. L. e. Por que a filosofia no segundo grau. **Estudos Avançados**, v. 6, n. 14, jan./abr. 1992. Disponível em: <http://www.scielo.br/scielo.php?script=sci_arttext&pid=S0103-40141992000100010>. Acesso em: 20 abr. 2017.

SILVA, T. T. da. **Documentos de identidade**: uma introdução às teorias do currículo. 2. ed. Belo Horizonte: Autêntica, 2004.

SILVA, V. P. da. **O ensino da filosofia na escola média e a mediação entre o cotidiano e o não cotidiano**. 131 f. Tese (Doutorado em Educação) – Universidade Estadual Paulista Júlio de Mesquita Filho, Marília, 1998.

SILVEIRA, R. J. F. **Ensino de filosofia no segundo grau**: em busca de um sentido. 613 f. Dissertação (Mestrado em Educação) – Universidade Estadual de Campinas, Campinas, 1991. Disponível em: <http://www.bibliotecadigital.unicamp.br/document/?code=vtls000031922>. Acesso em: 20 abr. 2017.

SIMPSON, P. P. Encomium Gorgiae ou Górgias versus Parmenides. **Hypnos**, São Paulo, n. 26, p. 1-12, 2011. Disponível em: <www.hypnos.org.br/revista/index.php/hypnos/article/download/221/222>. Acesso em: 20 abr. 2017.

SOARES, J. F.; COLLARES, A. C. M. Recursos familiares e o desempenho cognitivo dos alunos do ensino básico brasileiro. **Dados: Revista de Ciências Sociais**, Rio de Janeiro, v. 49, n. 3, p. 615-481, 2006. Disponível em: <https://www.todospelaeducacao.org.br//arquivos/biblioteca/afba63b7-4a1d-41ee-a6cf-a37397dc759d.pdf>. Acesso em: 20 abr. 2017.

SODRÉ, N. W. **Formação histórica do Brasil**. 9. ed. Rio de Janeiro: Civilização Brasileira, 1976.

SOUZA, S. M. R. **Por que filosofia?** Uma abordagem histórico-didática do ensino de filosofia no 2º grau. 116 p. Tese (Doutorado em Educação) – Universidade Estadual de São Paulo, São Paulo, 1992.

SPOSITO, M. P. (Des)encontros entre os jovens e a escola. In: FRIGOTTO, G.; CIAVATTA, M. (Org.). **Ensino médio**: ciência, cultura e trabalho. Brasília: MEC; Semtec, 2004. p. 73-91.

_____. Juventude e educação: interações entre a educação escolar e a educação não formal. **Educação e Realidade**, Porto Alegre, v. 33, n. 2, p. 83-97, jul./dez. 2008a. Disponível em: <http://seer.ufrgs.br/educacaoerealidade/article/viewFile/7065/4381>. Acesso em: 6 dez. 2016.

Sposito, M. P. (Coord.). **O estado da arte sobre juventude na pós-graduação brasileira**: Educação, Ciências Sociais e Serviço Social (1999-2006). Belo Horizonte: Argumentum, 2008b. v. 1.

_____. Transversalidades no estudo sobre jovens no Brasil: educação, ação coletiva e cultura. **Revista Educação e Pesquisa**, São Paulo, v. 36, n. especial, p. 93-104, 2010. Disponível em: <http://www.scielo.br/pdf/ep/v36nspe/v36nspea08.pdf>. Acesso em: 20 abr. 2017.

_____. Uma perspectiva não escolar do estudo sociológico da escola. **Revista USP**, São Paulo, n. 57, p. 210-226, mar./maio 2003. Disponível em: <http://www.revistas.usp.br/revusp/article/view/33843/36576>. Acesso em: 20 abr. 2017.

Stangue, F. A. **O filosofar na sala de aula**: elementos para uma discussão metodológica sobre as diferentes dimensões de objetivação espaço-temporal entre professor/aluno na proposição e tratamento de conteúdos filosóficos no ensino médio. 177 f. Dissertação (Mestrado em Educação) – Universidade Federal do Paraná, Curitiba, 2009. Disponível em: <http://www.ppge.ufpr.br/teses/M09_stangue.pdf>. Acesso em: 20 abr. 2017.

Tavares, H. M. Raymond Williams: pensador da cultura. **Revista Ágora**, Vitória, n. 8, p. 1-27, 2008. Disponível em: <http://www.periodicos.ufes.br/agora/article/viewFile/1927/1439>. Acesso em: 20 abr. 2017.

Tavares, R. Construindo mapas conceituais. **Ciências & Cognição: Revista Interdisciplinar de Estudos da Cognição**, Rio de Janeiro, ano 4, v. 12, p. 72-85, dez. 2007. Disponível em: <http://www.cienciasecognicao.org/revista/index.php/cec/article/view/641/423>. Acesso em: 25 jan. 2014.

Vázquez, A. S. **Filosofia da práxis**. Rio de Janeiro: Paz e Terra, 1968.

VERNANT, J.-P. **Entre mito e política**. São Paulo: Edusp, 2001.

_____. **Mito e pensamento entre os gregos**: estudos de psicologia histórica. Tradução de Haiganuch Sarian. Rio de Janeiro: Paz e Terra, 1990.

VIANNA, H. M. **Pesquisa em educação**: a observação. Brasília: Plano, 2003.

WACQUANT, L. Notas para esclarecer a noção de habitus. Tradução de José Madureira Pinto e Virgílio Borges Pereira. **RBSE**, João Pessoa, v. 6, n. 16, p. 5-11, abr. 2007. Disponível em: <http://www.cchla.ufpb.br/rbse/WacquantArt.pdf>. Acesso em: 20 abr. 2017.

WAUTIER, A. M. Para uma sociologia da experiência: uma leitura contemporânea – Francóis Dubet. **Revista Sociologias**, Porto Alegre, ano 5, n. 9, p. 174-214, jan./jun. 2003. Disponível em: <http://www.scielo.br/pdf/soc/n9/n9a07.pdf>. Acesso em: 20 abr. 2017.

WILLIAMS, R. **Cultura e sociedade**. São Paulo: Nacional, 1969.

_____. **Cultura**. Tradução de Lólio Lourenço de Oliveira. Rio de Janeiro: Paz e Terra, 1992.

_____. **Marxismo e literatura**. Rio de Janeiro: Zahar, 1979.

_____. Teoria cultural. In: _____. **Marxismo y literatura**. Barcelona: Península, 1980.

ZOTTI, S. A. **Sociedade, educação e currículo no Brasil**: dos jesuítas aos anos de 1980. Campinas: Autores Associados; Brasília: Plano, 2004.

ZUBEN, N. A. V. Filosofia e educação: atitude filosófica e a questão da apropriação do filosofar. **Pro-Posições**, Campinas, v. 3, n. 2, p. 7-27, jul. 1992. Disponível em: <http://www.proposicoes.fe.unicamp.br/proposicoes/textos/8-artigos-zubennav.pdf>. Acesso em: 6 dez. 2016.

bibliografia comentada

CARRILHO, M. M. **Razão e transmissão da filosofia**. Lisboa: Imprensa Nacional, 1987.

Nessa obra, o professor Manoel Maria Carrilho, tendo por base a longa tradição de ensino de Filosofia em Portugal, trata de fundamentos básicos necessários aos que intentam ser professores dessa disciplina. A obra começa discutindo o que é a filosofia, para então questionar se ela é ensinável e aprendível na vertente da discussão entre os filósofos Kant e Hegel.

CERLETTI, A. **O ensino de filosofia como problema filosófico**. Tradução de Ingrid Müller Xavier. Belo Horizonte: Autêntica, 2009.

Alejandro Cerletti, professor de Filosofia, elaborou essa obra com base em sua experiência com o ensino dessa disciplina nas salas de aula da Argentina, cuja tradição curricular na área da filosofia certamente é maior que no Brasil. Com linguagem de fácil compreensão, o autor vai ao cerne do problema do ensino de Filosofia, e os temas desenvolvidos nos capítulos do livro contribuem sobremaneira para que os professores em formação reflitam sobre o processo de ensino e aprendizagem dessa disciplina.

HORN, G. B. **Ensinar filosofia**: pressupostos teóricos e metodológicos. Ijuí: Ed. da Unijuí, 2009.

Nessa obra, o professor Geraldo Balduíno oferece uma boa contribuição àqueles que se preparam para ensinar Filosofia como atividade profissional, tecendo reflexões sobre temas relevantes para o processo de ensino e aprendizagem, como a abordagem histórica do currículo de filosofia; o problema da formação humana emancipatória; a organização do saber filosófico em sala de aula; e a função social da filosofia e seu ensino.

respostas

Capítulo 1

Atividades de autoavaliação

1. a
2. b
3. a

4. c
5. d

Capítulo 2

Atividades de autoavaliação

1. a
2. b
3. d
4. d
5. b

Capítulo 3

Atividades de autoavaliação

1. a
2. d
3. a
4. b
5. c

Capítulo 4

Atividades de autoavaliação

1. b
2. a
3. c
4. d
5. a

Capítulo 5

Atividades de autoavaliação

1. a
2. c
3. a
4. b
5. a

Capítulo 6

Atividades de autoavaliação

1. a
2. c
3. d
4. a
5. b

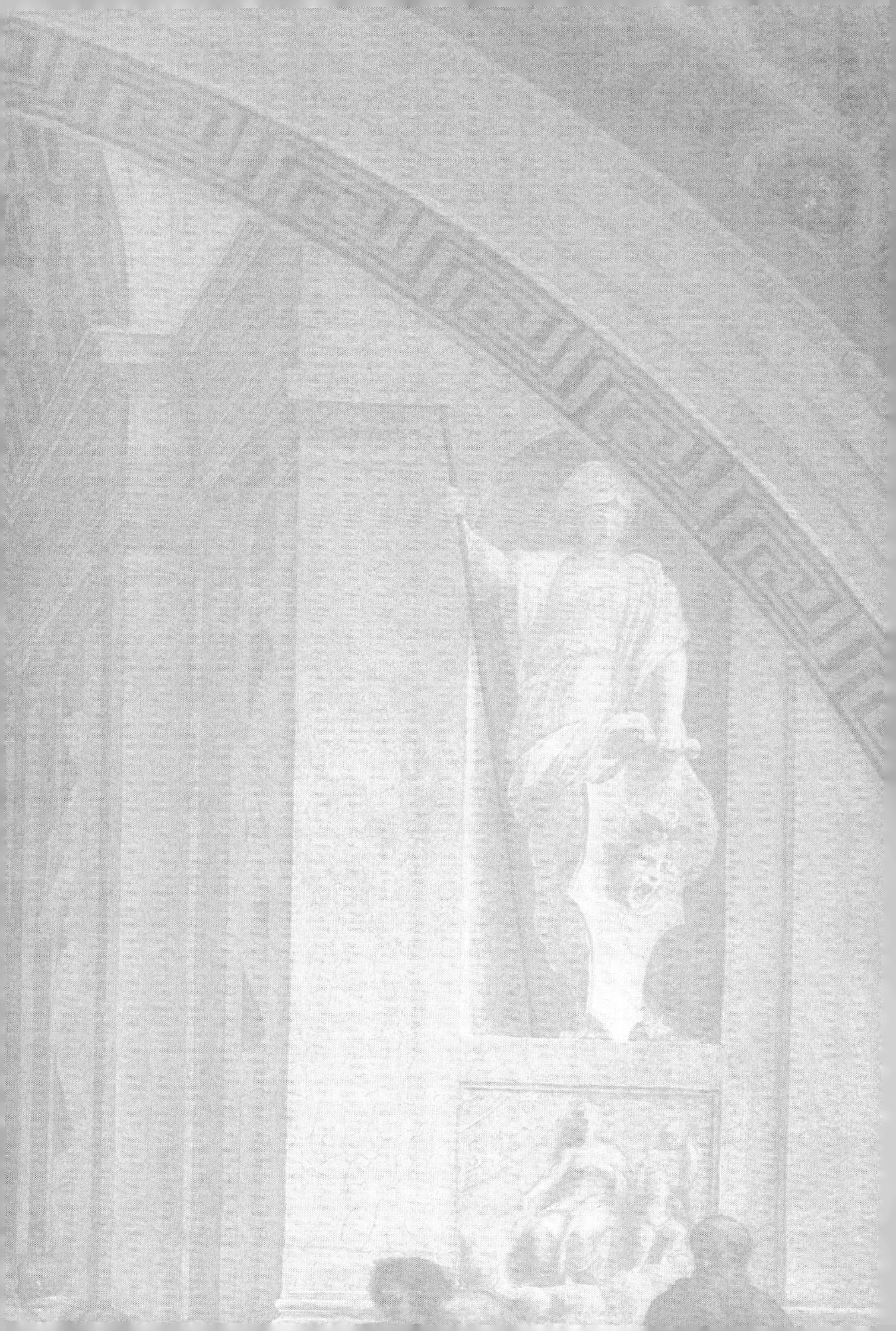

sobre o autor

Ademir Aparecido Pinhelli Mendes é doutor em Educação (2014) pela Universidade Federal do Paraná (UFPR), com tese intitulada *Atitude filosófica do jovem no cotidiano escolar do ensino médio: um estudo sobre as possibilidades de recepção do conteúdo de filosofia política*, mestre em Educação (2008) também pela UFPR, com o tema *A construção do lugar da Filosofia no currículo do ensino médio: análise a partir da compreensão dos professores de Filosofia da Escola Pública Paranaense*, bacharel em Filosofia (1988) pelo Instituto Vicentino de Filosofia (IVF) e licenciado em Filosofia (1998) pela Universidade de Passo Fundo (UPF). Com especialização em História e Filosofia da Ciência (1999) pelo Instituto Brasileiro de Pós-Graduação e Extensão (Ibpex), é também concursado da rede pública estadual do Paraná desde 1990, onde trabalha com o ensino de Filosofia. Atuou na Secretaria de Estado da Educação do Paraná, entre os anos de 2003 e 2010, na equipe de ensino de Filosofia. Atualmente, é professor de Filosofia do quadro próprio do magistério do Estado do Paraná, no Colégio da Polícia Militar do Paraná (CPM), e professor titular do mestrado profissional em Educação e Novas Tecnologias no Centro Universitário Internacional Uninter. Tem experiência na área de educação e pesquisa, com ênfase em educação e novas tecnologias, atuando principalmente nos seguintes temas: formação de professores; pesquisa em educação; inovações metodológicas; inovações tecnológicas; ensino de filosofia; educação filosófica; filosofia da educação; e gestão educacional.

SANZIO, R. **A Escola de Atenas**.
1509-1510. Afresco: color.; 500 × 770 cm.
Stanza della Segnatura, Palácio Apostólico,
Cidade do Vaticano.

Impressão:
Maio/2017